Ganz herzlich bedanken möchte ich mich bei unserem Chefkoch Reiner, welcher uns immer wieder schnell zur Hand ging, wenn wir mit unseren Kochkünsten am Ende waren und auf eine Katastrophe zusteuerten.
Auch für seine Hilfestellung damit dieses kleine Buch zustande kam.

Meiner lieben Gisi für ihr Lektorat und ihre kritischen Anmerkungen.

Meinem Freund und Kochbruder Jürgen, welcher als gestandener Autor mir eine große Hilfe war.

Heino Kahl

<u>Das</u> <u>etwas</u> <u>andere</u> <u>Kochbuch</u>

Männerkochen

Ein Erlebniskochbuch

über einen Kochkurs nur für Männer.

Mit vielen Interessanten Rezepten undTipps

zum Nachkochen.

Bibliografische Information der Deutschen Nationalbibliothek:
Die Deutsche Nationalbibliothek verzeichnet diese Publikation in der Deutschen Nationalbibliografie; detaillierte bibliografische Daten sind im Internet über http://dnb.dnb.de abrufbar.

© 2016 Heino Kahl

Herstellung und Verlag: BoD – Books on Demand, Norderstedt

ISBN: 978-3-7392-4334-4

Foto: Urheber: <a href='http://de.123rf.com/profile_branche'>branche / 123RF Lizenzfreie Bilder</a>

"Männerkochen" mit Reiner Brecour

Reiner ist Mitglied im: Chuchi Hamburg. Hinter diesem Namen verbirgt sich ein besonderer Verein. Ein Club, in dem nur Männer kochen. Einmal im Monat probieren sie neue und ungewöhnliche Rezepte aus.
Wer in diesem Club Kochen darf, der kann sich schon zu den besseren Köchen zählen.
Irgendwann fragte Reiner mich, ob ich nicht Lust hätte, vieleicht mit einigen Freunden, z.B. aus dem Golfclub, einen Kochkurs bei Ihm zu belegen.
Ich sagte sofort zu. Nach anfänglichen Schwierigkeiten fanden wir ausreichend Teilnehmer und es ging los. Unsere Treffen in der Schulküche der VHS Oststeinbek machten uns allen richtig Freude.
Es wurde gefrotzelt und über die einzelnen Kochkünste auch mal gelästert, das gehört dazu, genau wie das Glas Wein zum Kochen.

Wir haben keine ungewöhnlichen Speisen oder exotische Gerichte zubereitet.

Es waren immer nachkochbare Gerichte. Es wurden uns viele Tipps von Reiner mit auf den Weg gegeben. Zum Beispiel das Anrichten auf den Tellern. Einige davon möchte ich hier vorstellen.

Der Ablauf dieser Kochabende ging folgendermaßen von statten: Jede Gruppe, 2-3 Köche, war für eine Speise verantwortlich (Vorspeise, Suppe, Hauptspeise oder Nachspeise).

Für die einzelnen Speisen in der Menüfolge bekamen wir für den folgenden Kochabend Einkaufslisten, mit Mengenangaben für die gesamte Kochmannschaft, ca. 9-12 Köche. Diese Einkäufe hatten wir zum nächsten Kochabend mitzubringen. Daher sind die Mengenangaben, hier in dieser Sammlung, für kleinere Gesellschaften umzurechnen.
In denen von Reiner vorgeschlagenen Menüs, gab es bis auf wenige Ausnahmen, keine Kochanleitung! Wir sollten uns während des Kochens Notizen machen!! Der Mann hat gut Reden. Wir waren während des Kochens im Stress und haben uns um alles gekümmert, wie Kochen, dass Auf u. Abdecken nach den einzelnen Speisen, zwischendurch Abwaschen, ohne Maschine usw. und die Zettel waren immer weg! Wie sollten wir uns da noch Notizen machen? Jetzt, nach einigen Wochen habe ich versucht, die Arbeitsgänge nachzuvollziehen und zu beschreiben. So gut es eben geht.

Es klappte nicht immer! Gute Köche werden Fehler in den Rezepten erkennen, man möge es mir verzeihen.

Gestandene Hausfrauen und Hausmänner mögen milde lächeln, wenn sie diese Zeilen und Rezepte lesen, ich denke aber einige Dinge sind auch für sie neu.

Unsere Menüs

Seite		
9	Vorspeise:	Lachstatar auf Kartoffelplätzchen
	Suppe:	Gelbe Paprikasuppe mit Sahne-Meerrettich-Haube
	Hauptgericht:	Rinderroulade mit selbstgemachtem Rotkohl
14	Vorspeise:	Kalbsleber auf Karamel Calvados Apfelscheiben
	Suppe:	Asiatische Kürbissuppe
	Hauptspeise:	Pochiertes Fischfilet mit Spinat
19	Vorspeise:	Tortellini mit Quark-Kräuter Füllung
	Suppe:	Gurkensuppe mit Kresse
	Hauptspeise:	Saltimbocca a la Romana
	Süßspeise:	Feiner Frischkäseauflauf
26	Vorspeise:	Pochierte Eier auf einem Salatbett.
	Suppe:	Kürbissuppe und Karrottensuppe.
	Hauptspeise:	Pikante Hackfleischsoße auf Basmatireis
	Süßspeise:	Crêpe mit Calvados-Äpfeln
33	Vorspeise:	Parmesantortelets
	2. Vorspeise:	Broccoliflan mit Pfifferlingen
	Suppe:	Rote Betesupppe
	Hauptspeise:	Pochiertes Schweinefilet
	Süßspeise:	Apfeltorte mit Sahne
38	Vorspeise:	Gebratenes Lachsfilet auf Gemüse
	Vorsuppe:	Fenchelsuppe mit Avocados
	2. Vorsuppe:	Selleriesuppe auf Kokosmilchbasis
	Hauptspeise:	Wiener Schnitzel
	Süßspeise:	Wallnussoufflé
43	Vorspeise:	Matjestatar auf Rote Bete Spiegel
	Vorsuppe:	Riesling Basilikum-Suppe
	Hauptspeise:	Kohlrouladen mit Gemüse der Saison
	Süßspeise:	Zimteis
47	Vorspeise:	Matjestatar auf Rote Bete Spiegel
	Suppe:	Sellerie-Suppe auf Kokosmilch Basis
	Hauptspeise:	Ente Klassisch mit Rotkohl und Rosenkohl
	Süßspeise:	Mousse au Chocolate weiß und dunkel

Unsere Menüs

Seite		
55	Vorspeise:	El Dorado
	2. Vorspeise:	Klassische Bruschetta
	Suppe:	Linsensuppe
	Hauptspeise:	Sauerkraut nach Elsässer Art
61	Vorspeise:	Blätterteigpasteten auf Geflügelragout
	Zwischengang:	Tomaten-Paprika-Bruschetta
	Suppe:	Schwarzwurzel-Cremesuppe
	Hauptspeise:	Schwarzwurzel-Curry
	Süßspeise:	Whiskycreme
	Backen:	Sandkuchen
67	Vorspeise:	Gegrillte Feigen
	Suppe:	Kichererbsensuppe
	Hauptspeise:	Forelle in Folie
70	Vorspeise:	Gourmet Omelette mit Schinken
	Hauptspeise	Pikante Snacks auf Blätterteig 1. Version
		Pikante Snacks auf Blätterteig 2. Version
	Süßspeise :	Himbeersoufflé
75	Vorspeise:	Rösti von rohen Kartoffeln mit Lauchgemüse und Ziegenkäse überbacken.
	Hauptgericht:	Käse – Kräuter – Soufflés´ mit gebratenen Pilzen
	Süßspeise:	Marinierte Beeren mit Zimt- Zabaione
78	Vorspeise:	Gourmet Salat
	Suppe :	Leichte Hühnersuppe
	Hauptgericht:	Hühnerbrust auf Wirsing
	Dessert:	Himbeersoufflé 2. Versuch
82	Suppe :	Feine Sauerkrautsuppe
	Hauptgericht:	Entenbrust mit Kürbisflan
	Dessert:	Aachener Printenauflauf mit Apfel-Zimtschaum
87	Vorspeise:	Lachstatar auf Rösti
	Suppe:	Rinderboullion mit Einlage
	Hauptspeise:	Lamm
	Süßspeise:	Bourbonvanille-Eis auf Himbeerspiegel mit Himbeermus

Auch wenn die Schulküche in Glinde nicht mehr dem neuesten Stand der heutigen Küchentechnik entspricht (erstellt in den frühen Siebzigern des vergangenen Jahrhunderts), haben wir doch gemeinsam zum größten Teil sehr gute Ergebnisse erzielt. Beginnen möchte ich mit einem Rezept, welches zu jeder Gelegenheit passt, ob auf Partys oder zu einem rustikalen Büfett. Das nachfolgenden Rezept, haben wir nicht nach gekocht, sondern Reiner hat es uns für Zuhause, zum Ausprobieren aufgeschrieben.

Jeder kennt es:

<u>Sauerfleisch in Aspik</u>

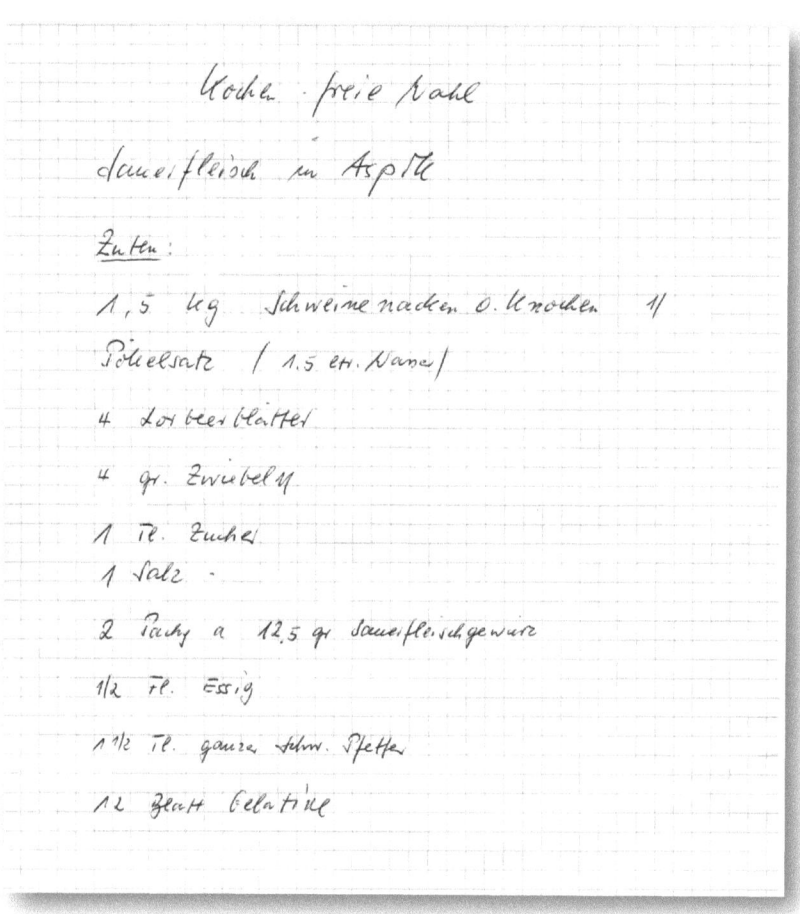

Das Wichtigste ist, dass Fleisch in 1, 5 l Wasser mit 150g Pökelsalz, ca. 3 Tage einlegen. Anschließend Wasser weg schütten. Fleisch mit den oben genannten Gewürzen ca. 1,5-2 Std.. garen. Den Sud durch ein feines Sieb abgießen und nochmals erhitzen. Die Gelatine nach Anweisung auf der Packung einweichen, zum Sud geben und umrühren, bis sie vollständig aufgelöst ist. Dann den Sud über das Fleisch gießen, bis alles abgedeckt ist. Die Form kalt stellen. Zur Dekoration können die Lorbeerblätter noch wieder zugegeben werden.

3.2.14 18.00 Uhr
"Männerkochen"

14 wissbegierige Männer fanden sich in der Schulküche der VHS Oststeinbek ein. Bewaffnet mit Schürzen, Küchenmessern und Behältnissen für die Reste der noch zu produzierenden Produkte. Auch einige Flaschen Wein durften nicht fehlen.

Reiner begrüßte uns alle, stellte uns einander vor (die meisten kannten sich vom GCaS). Zur Etikette: In der Küche würde man sich immer duzen.

Anschließend nahm das Chaos seinen Lauf.

Reiner teilte die einzelnen Gruppen für die Zubereitung der Speisefolgen ein, welche wir vorher nicht kannten, im Gegensatz zu den folgenden Kochabenden.

Dann rannten 14 Hobbyköche wild durcheinander, suchten sich einen Arbeitsplatz (Herd), Kochtöpfe und div. andere Dinge, so wie die von Reiner eingekauften Produkte. Keiner wußte, wo was zu finden war.
Tische wurden gerückt um Sitzplätze für alle zu schaffen.
Nachdem sich alle irgendwie sortiert hatten, begannen wir mit dem Kochen. Einige von uns hatten sehr große Kocherfahrung, andere kleinere und einige konnten schon Wasser zum Kochen bringen. So wurde dann unser Chef ständig von einem zum anderen Arbeitsplatz gerufen um größere Katastrophen zu verhindern. Die Ruhe von Reiner bewundere ich noch heute.

Unser Menü:

Vorspeise: Lachstatar auf Kartoffelplätzchen
Suppe: Gelbe Paprikasuppe mit Sahne-Meerrettich-Haube
Hauptgericht: Rinderroulade mit selbstgemachtem Rotkohl

Lachstatar auf Kartoffelplätzchen

Das wirkliche frische Lachsfilet beim Fischmann ohne Haut besorgen.
Für 4 Personen sollten 100-150g reichen.

Das Filet in ganz kleine Stücke schneiden mit Zitronensaft beträufeln.
Gurke schälen, halbieren und mit einem Löffel die Kerne ausschaben und anschließend in kleine Würfel schneiden, zu dem Lachs hinzugeben.
Frische Dillspitzen klein-hacken und zu dem Lachs geben.
Olivenöl, Salz, Pfeffer und alles gut durch-mischen. Abschmecken und beiseite stellen.

Bitte die Dillspitzen in kleinen Mengen zugeben, denn mein Kochbruder Rolf meinte, dass Tatar wäre zu "Dilllastig", er hatte recht.

Die Kartoffeln und Charlotten reiben, die Eigelbe hinzugeben, pfeffern und salzen. Pflanzenfett in der Pfanne erhitzen und aus dem Kartoffelteig kleine Plätzchen (ca. 5-7cm) formen und in der Pfanne gold-braun braten. Auf die noch warmen Kartoffelplätzchen das Lachstatar geben, mit einem kleinen Dillzweig dekorieren und sofort servieren. Diese Vorspeise ist wirklich toll und sie macht, richtig angerichtet, was her und die Gäste werden ganz verzückt sein. Außer der Schnippelei ist die Herstellung sehr einfach.

Gelbe Paprikasuppe mit Sahne-Meerrettich-Haube

Diese sehr lecker schmeckende Suppe ist einfach herzustellen. Sogar von uns. Für 4 Personen reichen 4-5 gelbe Paprika.

Die Paprika waschen, das Kerngehäuse entfernen und in Streifen schneiden.
Ingwer schälen und in nicht zu kleine Stücke schneiden. Die Knoblauchzehe ganz lassen, nur etwas zerdrücken. Einen dreiviertel Liter Gemüsebrühe oder Fond dazu geben und das Ganze ca, 20-30 Min. kochen.
Wir hatten Bio-Instandbrühe, schmeckt auch gut. Mit dem nachtäglichen Würzen vorsichtig sein, da meistens die Brühe schon salzig genug ist. Nachher reichen die Getränke nicht.

Vor dem Pürieren die Ingwer-und Knoblauchstücke aus der Suppe fischen.
Mit einem Pürierstab die Suppe pürieren. Ein Tipp, der Topf sollte hoch genug sein und der Stab immer ganz eingetaucht, sonst ist eine größere Reinigung der Küche und der Keidung erforderlich. Ich weiss wovon ich rede.
Anschließend die Suppe durch ein Sieb steichen um eventuell noch vorhandene größeren Stücke zu entfernen.
Suppe nochmals aufkochen und mit Salz und Pfeffer abschmecken.

Aus dem Meerrettich, der geschlagenen Sahne und der Maskarpone eine homogene Masse schlagen und kurz vor dem Servieren zu der Suppe geben.
Mit einem Basilikumblatt dekorieren. Großes Kochen.

Rinderroulade mit selbstgemachtem Rotkohl

Kochen 03.02.14

Hauptgericht

Rindsroulade mit selbstgem. Rotkohl

Zutaten:
- Roulade
- Speck (Bacon)
- Gurken
- Senf
- Salz
- Pfeffer
- Brühe (Fond)
- Rotwein
- Fett
- Karotten
- Sellerie
- Zwiebeln
- Lorbeerblätter
- Creme fraiche
- Folie
- Staubzucker
- Tomatenmark
- Kartoffeln
- Paprika grün
- Lauchgemüse

- Rotkohl
- Rotwein
- Essig
- Orangensaft
- Zwiebel
- Apfel
- Entenschmalz
- Apfelmus
- Gelee
- Kartoffeln

- Pfefferkörner
- Pimentkörner
- Gewürznelken
- Zucker
- Salz
- Zimt

Rinderrouladen, ein Ur-deutsches Gericht, jeder kennt und liebt es. Bei jeder Köchin oder jedem Koch, so wie bei unseren Müttern, gehören Rouladen zum Standardrepertoire. Die würden natürlich fragen, was muß man da noch üben, bzw. lernen?

Auch unsere gestandenen Köche haben noch einige neue Erkenntnisse erworben.

Die Arbeitsschritte in einer kleineren Kochrunde oder Küche beginnen natürlich mit der Vorbereitung der Rouladen, dann mit dem Rotkohl.
Wenn beides kocht, dann mit der Vorspeise und der Suppe. (vorhergehende Seiten) beginnen.

Aber beim "Männerkochen" sieht das anders aus: Rouladen für 14 Personen!

Einen Platz suchen, eine größere Unterlage besorgen, Brett oder Gleichwertiges. Einen kleinen Topf mit langen Stiel (Stielkasserolle). Los gehts!

Das vom Schlachter geschnittene Rollfleisch auf die Unterlage legen und mit Klarsichtfolie abdecken. Mit dem Topf das Rollfleisch sehr dünn klopfen.

Einer versuchte es ohne Folie, der Kollege durfte sich dann bei seinem Nachbarn entschuldigen.

Die jetzt großen dünnen Fleischlappen werden gesalzen und gepfeffert, dünn mit Senf bestrichen. Bacon oder Frühstücksspeck in die Mitte legen, mit dünn geschnittenen Zwiebelscheiben belegen und zuletzt dünne Gurkenstreifen darauf verteilen.

Die Seiten nach Innen klappen und von unten das Fleisch aufrollen. Zuletzt mit einem Holzspieß oder mit mehreren Zahnstochern verschließen.

Die Rouladen in einem Schmortopf von allen Seiten scharf anbraten.
Mit Rotwein ablöschen, Gemüsebrühe zugeben und das zwischenzeitlich von einem Kochbruder kleingeschnittene Gemüse, wie Sellerie, Karotten, Lauchgemüse, Zwiebeln, grüne Paprika und Lorbeerblätter dazu geben, sowie das Tomatenmark. Deckel drauf und ca. 2 Std. schmoren lassen
Der Rotkohl wurde gleichzeitig von einer anderen Truppe klein geschnitten und mit Entenschmalz kräftig angeschwitzt, mit Rotwein und etwas Essig abgelöscht.
Die in der vorherigen Einkaufsliste genannten Zutaten hinein und ca. 2 Std dünsten.
Die Rouladen aus dem Topf nehmen und warm stellen.
Den Sud durch ein Sieb passieren, und reduzieren. Das Creme Fraiche zugeben, mit den Gewürzen abschmecken, u.U. mit Maiskernmehl binden. Teller anrichten mit Kartoffeln und Rotkohl.

Tipp: Die Rouladen in der Mitte schräg aufschneiden und auf den Rotkohl legen. Die einzelnen Schichten kommen dann gut zur Geltung. Soße an den Rand geben und servieren.

10.02.14 18.00 Uhr
" Männerkochen"

Alle waren pünktlich anwesend und mit Einkaufsbeuteln bewaffnet.
Wer was kocht wurde am vergangenen Montag besprochen.

Reiner wies den einzelnen Mannschaften die Arbeitsplätze zu. Alles ging schon wesentlich ruhiger und aufgeräumter zu als beim ersten Mal. Wir wussten alle wo sich was befindet. Auch Reiner machte einen entspannteren Eindruck Eine kleine Anmerkung: Es handelt sich um eine Schulküche, wo auch kleinere Köche ihr Glück versuchen. In den Schränken wurden die Einlegböden für die Kochgerätschaften beschriftet. So stand, u. a., unter den Wassergläsern "Ausstechformen"!? Für uns wurden die Weingläser nur noch als Ausstechform bezeichnet. Hol Dir eine Ausstechform für den Rotwein. Vor jeder Kocharie erinnerte uns Reiner, auch ja die Hände zu waschen!

Unser Menü:

Vorspeise: Kalbsleber auf Karamel-Calvados-Apfelscheiben
Suppe: Asiatische Kürbissuppe
Hauptspeise: Pochiertes Fischfilet mit Spinat auf Mandel-Blumenkohl

Um es vorweg zu sagen, das war aus meiner Sicht, bisher mit der beste Kochabend.

Sowohl von der einzelnen Speisefolge her, welche uns allen super gelungen war, als auch der gesamte Ablauf, bis hin zum Abwaschen und Auf-räumen!

Kalbsleber auf Karamel Calvados Apfelscheiben

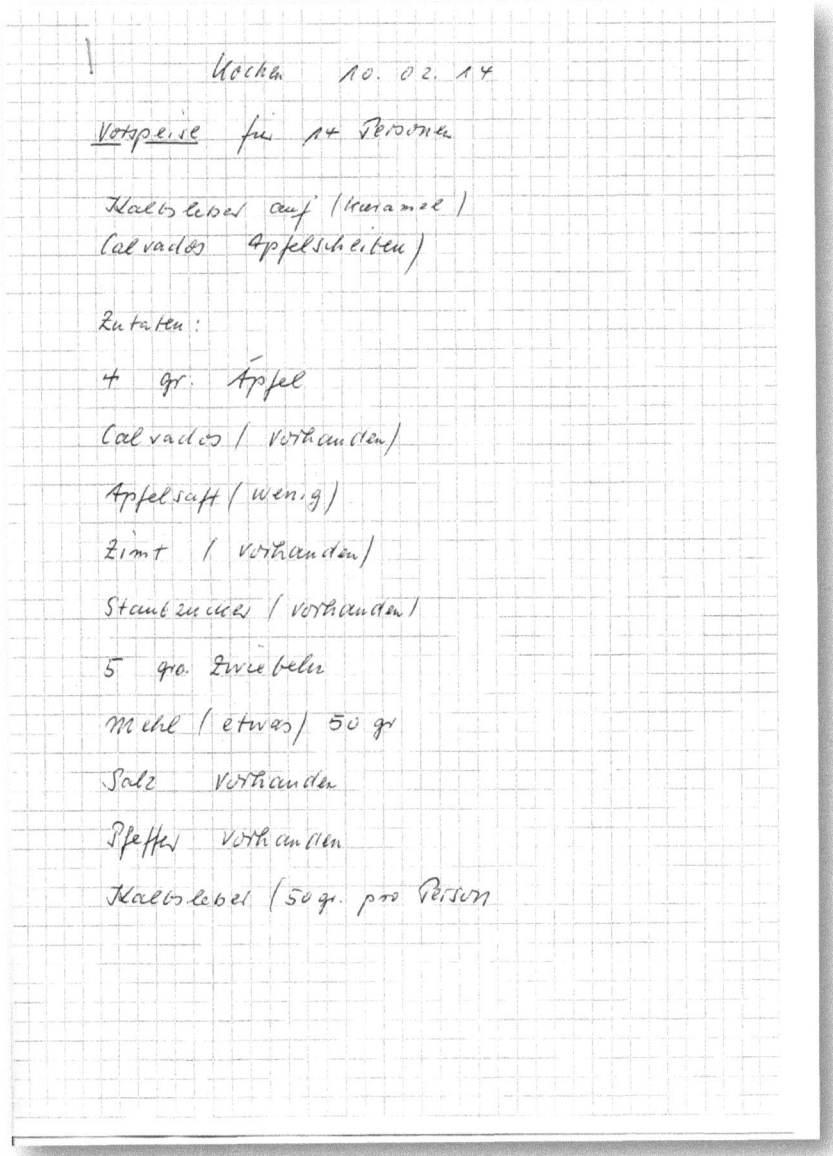

Hier beginnt für mich die hohe Schule des Kochens, ich glaube auch für meine Kochbrüder.

Äpfel schälen mit einem Ausstecher (kein Glas!!), das Kerngehäuse entfernen. Die Äpfel in Scheiben schneiden. Etwas Butter in die Pfanne geben, Apfelringe langsam bräunen, dann mit dem Staubzucker und Zimt (vorher vermengt) bestreuen und von beiden Seiten langsam karamellisieren.
Mit Apfelsaft und Calvados ablöschen.

Parallel hat der Kochbruder die Kalbsleber in kleine Portionen geschnitten, mit Salz und Pfeffer gewürzt, ganz leicht mit Mehl bestreut.
Die Zwiebeln geschält und in dünne Scheiben geschnitten, die Zwiebeln goldbraun braten. Die Leber von jeder Seite 2-3 Min. braten.
Alles zusammen Anrichten. Einfach gut!

Asiatische Kürbissuppe

Handschriftliche Notizen:

Kochen am 10.02.14

Suppe
Asiatische Kürbissuppe

Zutaten für 13 Personen
Kürbisse (2 gr. o. 3 kleine Hokkaido)
150 g Ingwer
Salz   vorhanden
Pfeffer   vorhanden
1 Becher Sahne
1 Becher Creme fraiche
1 Stange Zitronengras
Gemüsebrühe (Fond) vorhanden
1 Bund Schnittlauch
3 Schalotten
Bratfett (vorhanden)

Diese Suppe würde ich immer in größeren Portionen Kochen. Einfrieren!
Ich habe sie mittlerweile häufig gekocht und sie ist bei unseren Gästen immer sehr gut angekommen.

Gleichzeitig ist die Herstellung sehr einfach. Bei unseren Kochabenden konnten sich unsere Kochbrüder vor Lob gar nicht wieder einkriegen. Jürgen und mir war sie auch wirklich gut gelungen.

Kürbis klein schneiden, entkernen, mit etwas Fett und den Schalotten andünsten. Ich gebe immer noch einen sauren Apfel dazu(entkernen ohne Schale), muss aber nicht sein.
Jetzt die Gemüsebrühe dazu geben. Wir haben Bio-Instantbrühe genommen. Besser ist selbstgemachter Fond. Ein Rezept folgt.
Zitronengras (bitte vorher etwas breit klopfen), geschälten und in große Stücke geschnittenen Ingwer dazu geben. 20-25 Min. köcheln. Die groben Stücke Ingwer und Zitronengras aus der Suppe fischen. Anschließend mit dem Stabmixer die Suppe pürrieren.

Die Suppe nochmals durch ein Sieb gießen und noch verbliebene größere Stücke heraus filtern. Nichts ist schlimmer, wenn man beim Essen auf ein Stück Zitronengras oder Ingwer beißt. Suppe wieder heiß werden lassen, nicht Kochen. Sahne und Creme Fraiché zur Suppe geben salzen und pfeffern, abschmecken, mit kleingehacktem Schnittlauch bestreuen und servieren.

Pochiertes Fischfilet mit Spinat auf Mandel-Blumenkohl-Püree

Kochen am 10.02.14

Pochiertes Fisch/Filet mit
Spinat auf Mandel-Blumenkohl-Püree
m. Kokossauce

Zutaten:

Fischfilet (ca 100-125gr. pro Person)
4 gr. Dosen Kokosmilch
10 Limetten
7 EL Weißwein
10 Schalotten
3 EL Ingwerwurzel
3 EL Zitronengras
3 EL Korianderkörner
20 Blätter " - grün - wenn vorhanden / vorhanden
Salz vorhanden
Pfeffer vorhanden

Kartoffeln (1 kg)
Blumenkohl (1 Kopf)
3 Knoblauchzehen
1000 ml Milch
125 g Zucker
Mandelessenz - vorhanden
5 gr. Tomaten
Olivenöl (wenig)
4 Packungen TK Spinat
2 Bunde Schnittlauch

Leider habe ich an diesem Hauptgang nicht direkt mitgewirkt, trotzdem werde ich versuchen die Arbeitsschritte zu beschreiben.
Durch die Aussage meiner Kochbrüder und eigene Topfguckerei, gar nicht so schwierig. Dieses Gericht gehörte mit zu den schmackhaftesten Speisen, die wir zubereitet haben.
Bitte daran denken, dass die oben angegebenen Mengen für eine größere Personenzahl gedacht ist.

Dieses Rezept habe ich zu Hause nachgekocht. Super.

Für das Filet kommen alle festen Fischfilets in Frage, z.B. Rotbarsch, Kabeljau, Seelachs und Zander usw...

Die Schalotten sehr klein würfeln, mit ein wenig Olivenöl andünsten, mit Weißwein ablöschen. Ingwer-wurzeln schälen, in Stücke schneiden. Beim Zitronengras die äußeren Blätter entfernen und einmal kräftig mit dem Messergriff draufschlagen, damit kommt das Aroma gut zur Geltung.

Mit der Kokosmilch und den Gewürzen einen Sud herstellen und immer wieder abschmecken. Wir haben uns "heran geschmeckt", wie Reiner sagte.

Beim Männerkochen wurden zwischenzeitlich die Kartoffeln und der Blumenkohl gekocht und ein Kartoffelmus hergestellt und ständig nach Reiner gerufen! "Wie geht das???" Ich glaube zu Hause sieht das anders aus.

Die Kartoffeln können schon vorher langsam gar kochen. Den Blumenkohl würde ich nebenbei in einem "Dämpfeinsatz" mit wenig Wasser kochen.

Den Spinat vorher auftauen oder frischen besorgen. Langsam mit Knoblauch, Salz, Pfeffer andünsten, nicht zu matschig werden lassen. Tomatenstücke(geschälte) zugeben und mit dünsten.

Aus den Kartoffeln mit Milch und Butter und dem Blumenkohl so wie dem Mandelöl ein Püree herstellen, immer wieder abschmecken! Ganz wichtig, Spinat und Püree sollten fertig sein, bevor der Fisch in dem Sud pochiert wird.

Die Kokosmilch würde ich vorher durchseien um Ingwerstücke usw... herauszusieben. Das vorher gewaschene, entgrätete und in Portionen geschnittene Fischfilet in den Sud geben und ca... 5- 10 Min. ziehen lassen. Nicht Kochen! Ab und zu nachsehen, dass der Fisch nicht zerfällt.

Auf den Tellern eine Portion Püree in der Mitte mit dem Blattspinat darum anrichten und den Fisch oben drauf, den Sud außen herum, mit Schnittlauch garnieren. Fertig.

24.02.14 18.00 Uhr
" Männerkochen"
Unser Menü:

Vorspeise: Tortellini mit Quark-Kräuter Füllung
Suppe: Gurkensuppe mit Kresse
Hauptspeise: Saltimbocca a la Romana
Süßspeise: Feiner Frischkäseauflauf

Irgendwie lief etwas schief an diesem Tag.
Schon beim Einkaufen wurde ich durch den immer freundlichen und hilfsbereiten, immer zu einem Schwätzchen aufgelegtem Filialleiter unseres Supermarktes aufgehalten. Ich finde es immer gut mit Ihm zu fachsimpeln, Herr L. ist ein begeisterter Hobbykoch. Doch ich war im Einkaufsstress.
So rannte ich dann durch die Regalreihen und packte schnell ein. Es waren keine besonders schwer zu erhaltenen Lebensmittel dabei.
Zu Hause angekommen, die verderblichen Lebensmittel in den Kühlschrank!
Noch einige Telefonate, dann ab ins Auto, Jürgen abholen und los.
Wir versammelten uns alle gut gelaunt in der Schul-Küche.

Nach der Begrüßung und der Zuweisung der Arbeitsplätze durch Reiner, packten wir alle unsere eingekauften Zutaten aus. Jede Gruppe für die vorgesehene Speise.
Jürgen und ich waren für die Vorspeise zuständig. In meiner Einkaufstasche: 1 Fl. Rotwein, Mehl, Eier, Blattspinat (war nicht im Kühlschrank, sollte auftauen),Salbeiblätter und Petersilie! Kein Parmesankäse und Ricotta!
Die Kommentare meiner Kochbrüder kann man sich vorstellen!

Im Kühlschrank der Schulküche fanden wir glücklicherweise Butter und Quark.
Reiner meinte, es gehe auch ohne Parmesan.
Ich habe noch nie Tortellini oder irgend einen anderen Nudelteig hergestellt. Darum ist mir auch nicht aufgefallen, dass der Teig sehr dunkel und fest war, nach dem ich alle Zutaten, wie Mehl, Eier und Butter, verrührt hatte.

Reiner war ratlos. Erst bei genauer Betrachtung der Mehltüte haben wir das Unheil bemerkt. Ich habe das verkehrte Weizenmehl gekauft. Statt Typ 405, welches das bevorzugte Haushaltsmehl ist und zum Backen usw. geeignet ist, habe ich ein Mehl vom Typ 1600 gekauft, welches für dunkle Brote genommen wird.

Die Tortellini wurden hart und trocken!

Tortellini mit Quark-Kräuter Füllung

Kochen am 27.2.14

Vorspeise:

Tortellini mit Quark-Kräuter Füllung

Zutaten:

- 600 gr Weizenmehl
- 8 Eier
- 125 gr Butter
- 300 gr Blattspinat (TK)
- 400 gr Ricotta o. halbfetter Quark
- 200 gr Parmesan
- 5 EL Petersilie
- Salz
- Pfeffer
- Muskatnuss
- 10 Salbeiblätter
- Teigrolle (vorhanden)

Trotzdem möchte ich die Vorgehensweise für diese leckeren Tortellini beschreiben.

Nachdem man mit dem richtigen Mehl einen Teig hergestellt hat, wird er ganz dünn ausgerollt. Der Spinat wird in der Zwischenzeit mit dem Quark, der Petersilie und dem geriebenen Parmesan gedünstet. Gut würzen. Die dabei zuviel anfallende Flüssigkeit abgießen.

Aus dem dünn ausgerolltem Teig werden mit einem Ausstecher runde Plätzchen ausgestochen, ca. 5 cm Durchmesser, und mit einem Klecks von der Spinat-Quark-Kräuterfüllung belegt. Dann zur Hälfte zusammen klappen und an den Rändern zusammendrücken.

Mitleidige Kochkameraden haben mir geholfen, ich war mit der Menge völlig überfordert. Die Tortellini werden in kochendes Salzwasser gegeben und einige Minuten gar gekocht. Die klein geschnittenen Salbeiblätter werden in die zerlassene Butter gegeben, so dass die Butter das Salbeiaroma aufnehmen kann.

3-4 abgetropfte Tortellini auf einen Teller anrichten, mit der Salbeibutter übergießen und servieren.

Gurkensuppe mit Kresse

Wie ich schon erwähnte, war der Kochabend nicht so mein Abend. Irgendwann, als ich mit der Rekonstruktion des Abends beginnen wollte, habe ich festgestellt, dass ich die Einkaufslisten nicht mehr wiederfinden konnte.

Damit ist mir auch die Herstellung der einzelnen Speisen nicht mehr so recht eingefallen.(wie war das nochmal mit der Gurkensuppe, kalt oder warm?) An die Süßspeise konnte ich mich gar nicht mehr erinnern. Aber unser Chef ist in dieser Sache richtig gut! Nicht nur, dass ich von ihm die Einkaufslisten bekam, auch eine Kochanleitung wurde mir von Reiner aufgeschrieben.

Daher entstammen die folgenden Anleitungen nicht aus meiner Feder, sondern von Reiner.

Vorweg gesagt, es ist alles ganz einfach!

Kochen am 24.2.14

Suppe   Gurkensuppe mit Kresse

Zutaten:

- 5 gr Gurken
- 5 gr Zwiebeln
- 250 gr Butter
- 5 EL Mehl
- Sherry 1/2 dl o. Noilly Prat
- Gemüsebrühe (Glas)
- 100 gr Kresse
- 1 B. Sahne
- Salz
- Pfeffer
- 1 Baguette

(Handschriftliche Notiz, 24.2.14:)

> 1) Gurken schälen u. entkernen.
>   (Zwiebel Wasser)
> 2) 1/2 Gurke aufbewahren.
> 3) Zwiebeln in Fett anschwitzen.(Butter)
>   Gurkenstücke (klein) dazu.
>   (Zeit lassen)
> 4) Mehl dazu und kurz mitdünsten.
>   Noilly Prat o. Sherry und Bouillon
>   dazu.
>   Alles aufkochen u. 10-15 Minuten bei
>   schwacher Hitze.
> 5) Kresse hacken.
>   (Etwas für die Garnitur an die Seite)
>   (ganz)
> 6) 1/2 Gurke (siehe 2) in kleine Würfel.
> 7) Mit Butter die Würfel in der Pfanne anschwitzen
> 8) Rahm u. Kresse in die Suppe (Salz-Pfeffer)
> 9) Suppe fertig. (Evtl. passieren.)
>   So, wie wir es getan haben.
> 10) Würfel u. Kresse auf die Suppe.
>
>   So einfach geht das Ganze.

Super, ist doch alles ganz einfach! Oder?

Um nicht so ganz ahnungslos oder nichtwissend da zu stehen, möchte ich hier eine andere Variante einer Gurkensuppe beschreiben. Einer kalten, für heiße Sommertage.
Die Einkaufsliste, beschränkt sich auf 5 Gurken, 500g Magerquark, 2 Becher Joghurt. 1 l Hühnerbrühe (instant, ein Abend vorher zubereiten und in den Kühlschrank stellen.) Pfeffer, Salz, Muskat, Dill. Die Gurken wie oben beschrieben, schälen und entkernen, in grobe Würfel schneiden und mit einem Handmixer oder Küchenmaschine pürieren. Einen Teil der Gurken (ca. eine 1/4), in kleine Stücke schneiden. Zu den pürierten Gurken den Magerquark und den Jogurt geben und gut durchrühren. Mit Salz Pfeffer und Muskat abschmecken.

Dill und die klein geschnittenen Gurken dazu geben. Auch in streifen geschnittene Radieschen passen sehr gut in die Suppe.
Ganz einfach!

Saltimbocca á la Romana

Saltimbocca á la romana (römischer Dialekt: Salt' im bocca!, „Spring in den Mund!") ist eine international bekannte Spezialität der römischen Küche.

1962 wurde ein „offizielles" Rezept für Saltimbocca alla romana als einziges für ein Hauptgericht der italienischen Küche vom italienischen Kochverband Federazione Italiana Cuochi abgestimmt und anerkannt. Mit Obelix Worten: " Die Spinnen die Römer"!

Ohne die Beschreibung von Reiner, hätte ich das so nicht mehr zusammen bekommen.

1. Schnitzel abspülen u. würzen.

2. Schnitzel u. Schinken halbieren.

3. Je 2 halbe Scheiben Schinken in der Mitte auf dem Schnitzel mit dem Salbeiblatt befestigen (Holzspieschen).

4. Fett erhitzen, Fleisch portionsweise auf der Salbeiseite, braten. Ich glaube beide Seiten!

5. Marsala ins Fett und einkochen lassen, mit Gewürzen abschmecken und alles durchs Sieb gießen. Servieren

Ganz einfach!!!

Der Ausspruch kommt nicht von mir!

Süßer Frischkäseauflauf

Kochen am 24.2.14

Nachspeise
süßer Frischkäseauflauf

Zutaten:

- 3 Zitronen
- 250 gr Zucker
- 8 Eier
- 1 TL Zimt (vorhanden)
- 800 gr körniger Frischkäse
- 1/4 T. Butter
- Förmchen (vorhanden)
- Staubzucker
- Orangensaft

175° 20 Min. backen

Bei unseren Männerkochabenden ist mir aufgefallen, dass die Mannschaft welche für die Nachspeise verantwortlich zeichnet, oftmals am meisten gefordert wird. Aber es nicht wahr genommen wird, da das Ergebnis erst am Ende des Abends zu sehen und zu schmecken ist.
Auch bei meinen privaten Kochabenden mit Freunden, wird das "Timing" für die einzelnen Speisefolgen, Vorspeise, Suppe bis zur Hauptspeise minutiös vorbereitet.
Irgendwann fällt einem Kochbruder ein, dass die Masse für das Sorbet schon lange in den Gefrierschrank gemusst hätte.

Was ich damit sagen möchte, nicht immer mit der 1. 2. usw.. Speisefolge beginnen, sondern sich sehr genau anzusehen, welches Gericht die längste Vorbereitung hat.

Unten sehen wir das Rezept für den süßen Frischkäseauflauf.
Mit dem Kommentar, ganz unten!

Ich möchte mich nochmals bei Reiner bedanken, denn ohne Ihn hätte ich diese Rezeptsammlung so nicht hinbekommen.

24.2.14

Süßer Frischkäseauflauf

1) Zitronen abspülen. Die Schale fein abreiben.
2) Schalen, Zucker, Eier u. Zimt schaumig schlagen.
3) Frischkäse durchs Sieb u. dann in die Eimasse.
4) 175° Umluft (175° Umluft)
5) Förmchen mit Butter einfetten u. dann zuckern.
6) In die Förmchen und 20 Minuten backen. Auskühlen!
7) Der Kuchen reduziert sich dann.
8) Mit einer dünnen Zitronenscheibe verzieren.

Ganz einfach.

27.10.2014 18.00 Uhr
" Männerkochen"

Unser Menü:

Vorspeise:		Pochierte Eier auf einem Salatbett.
Suppe:		Kürbissuppe und Karrottensuppe.
Hauptspeise:	Pikante Hackfleischsoße auf Basmatireis mit Hackbällchen.
Süßspeise:		Crepes mit Calvados-Äpfeln

Nach einem schönen, langen Sommer begann unsere neue Kochsaison.
Vorab bekamen wir von Reiner unsere Einkaufslisten. So konnten wir sofort, nach der Zuweisung unserer Arbeitsplätze durch Reiner mit dem Kochen beginnen.

Wir begrüßten noch zwei neue Kochkameraden und schon wurde es hektisch in unserer Großküche. Warum sind zwei Schränke mit div. Kochutensilien verschlossen und keiner hat den Schlüssel? Da wir schon fast Profis sind, können wir improvisieren.
Aus der Einkaufsliste ersehen wir, damit die finanzielle Belastung für die Köche der Vorspeise nicht zu groß wird, hat jeder sein eigenes Ei für die Vorspeise mitzubringen und den Ausführenden zu übergeben ("heil").

Ja bei uns geht es gerecht zu.

Warum Jürgen und ich die Hackbällchen alleine finanzieren mußten, bleibt uns unerklärlich.

Pochierte Eier auf Salatbeet

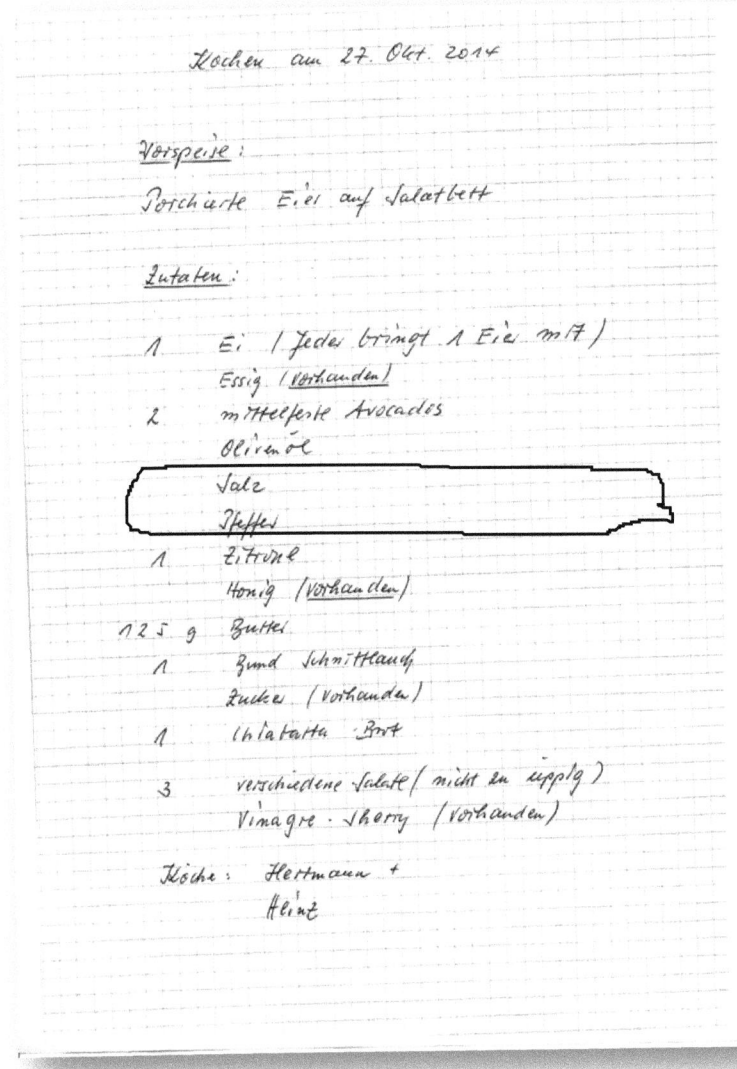

Die Avocado wird halbiert und der Kern wird entfernt.

Noch ein Tip: Um die Avocado in kleine Stücke zu schneiden, wird nach Entfernen des Kernes das Fruchtfleisch mit einem kleinen Messer kreuzweise eingeschnitten und anschließend mit einem Löffel herausgehoben, schon hat man kleine Stücke.

Als Salate eignet sich alles was grün ist und der Saison entspricht.
Eine Vinaigrette wird aus den genannten Zutaten hergestellt und nach eigenem Ermessen abgeschmeckt.
Schnittlauch wird zur Dekoration gebraucht und über das fertige Gericht gestreut.

Ich glaube am spannensten ist die Geschichte, die Eier zu pochieren.

Es wird ein Topf mit Wasser und reichlich Essig zum Kochen gebracht. Die Eier einzeln in eine kleine Schöpfkelle geben (Ohne Schale und das Eigelb muß noch heil sein), anschließend das Ei vorsichtig in das Essigwasser gleiten lassen. Das Eiweiß umschließt das Eigelb sofort. Noch ein Tip: Das Wasser vorher in Drehung bringen (rühren). Maximal 2 Minuten kochen lassen, heraus nehmen und auf den vorher angerichteten Salat geben. Vinaigrette darüber geben und mit Schnittlauch betreuen.

Kürbissuppe vom Hokkaido

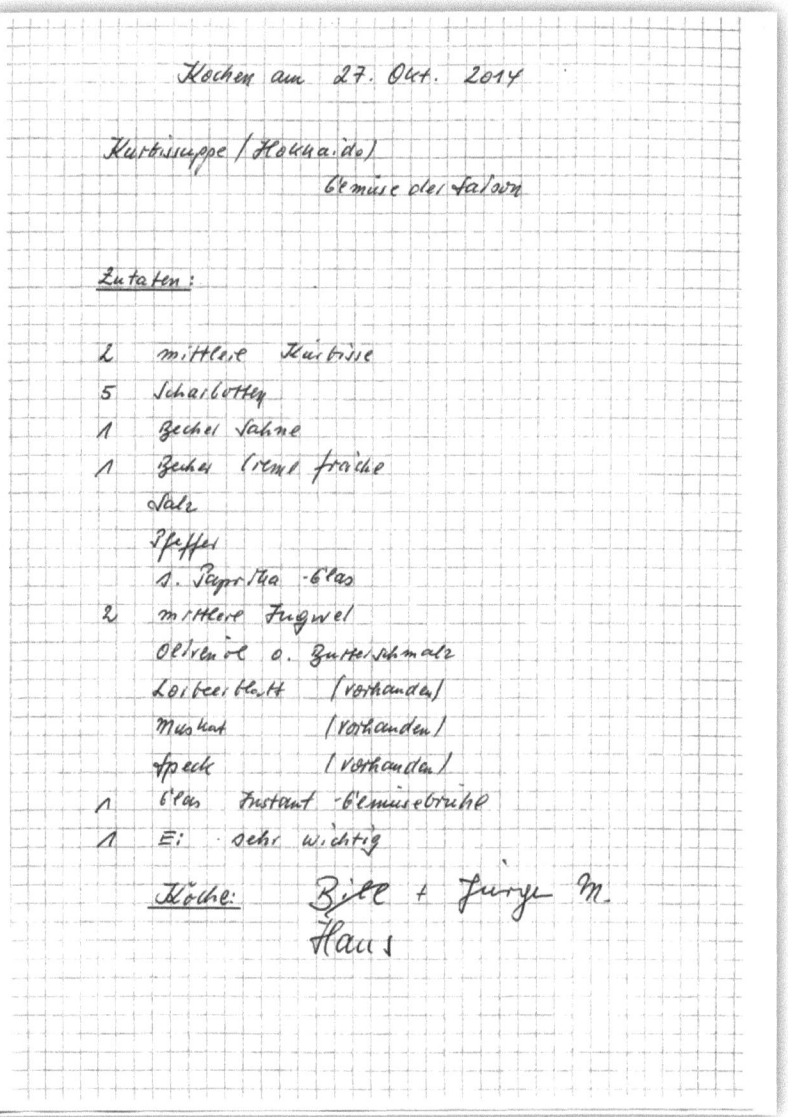

Eine für diese Jahreszeit sehr passende und wohlschmeckende Suppe. Z.B. Halloween.

Ich habe diese Suppe schon in den abenteuerlichsten Variationen gekocht und gegessen.

Sicher wird die ein oder andere Köchin oder Koch, noch ein ganz anderes Rezept favorisieren.

Alle in der Kochrunde fanden diese Ausführung sehr gut und sehr schmackhaft.

Das schwierigste an der Herstellung dieser Suppe ist, den Hokkaido zu zerteilen und die Kerne zu entfernen. Die klein geschnittenen Hokkaido-Teile und die klein geschnittenen Karotten werden mit den Schalotten und etwas Butterschmalz oder Öl angeschwitzt. Die Gemüsebrühe hinzu geben und alles ca.. 25 Min köcheln lassen. Den Ingwer und Paprika nicht vergessen. Wichtig vor dem Pürieren wieder aus dem Sud nehmen.

Nach dem Pürieren die Sahne und Creme fraiche unterrühren. Das Ganze mit Salz, Pfeffer und Muskat abschmecken. Wer möchte kann kleine geröstete Baconstücke und einige Spritzer gutes Olivenöl auf die aufgefüllte Suppe geben. Auch Kürbiskernöl wird gern genommen.

Das oben in der Zutatenliste, aufgeführte Ei gehört nicht zu diesem Rezept, sondern wie einige Seiten vorher beschrieben, zur finanziellen Entlastung der Vorspeisen-Köche.

Apfel- Karottensuppe

> Kochen am 27. Okt. 2014
>
> Apfel-Karotten-suppe
>
> Zutaten:
>
> 1000 gr   Karotten (kein Bund)
> 2   mittl. Zwiebeln
> 2   mittl. Ingwer
>   Olivenöl
>   Gemüsebrühe (Glas)
> 6   aromatische Äpfel
>   Pfeffer (vorhanden)
>   Salz (vorhanden)
>   Zucker (vorhanden)
> 1   Becher Sahne 200 gr
>
> Köche - Peter Hocke   040 72 15 548
>   - Mathias Kock - 040 386 474 94
>
> Mathias Schürze mitbringen
>
>   R. Drewow
>   64 66 40 28

Reiner hatte die Idee, zwei Suppen von uns kochen zu lassen, um sie miteinander vergleichen zu können.
Denn die Herstellung dieser Suppe ist identisch mit der Kürbissuppe. Äpfel können auch in die Kürbissuppe gegeben werden.

Wir haben beide Suppen nacheinander verkostet. Jeweils eine Hälfte von uns fanden die eine oder die andere besser. Unentschieden.
Ich glaube der Sinn lag darin, uns zu zeigen, wie relativ einfach es ist, eine sehr schmackhafte Suppe herzustellen.
Wenn sie mit einer netten Garnitur versehen wird, auch noch etwas hermacht.

Pikante Hackfleischsoße auf Reis
mit Hackbällchen

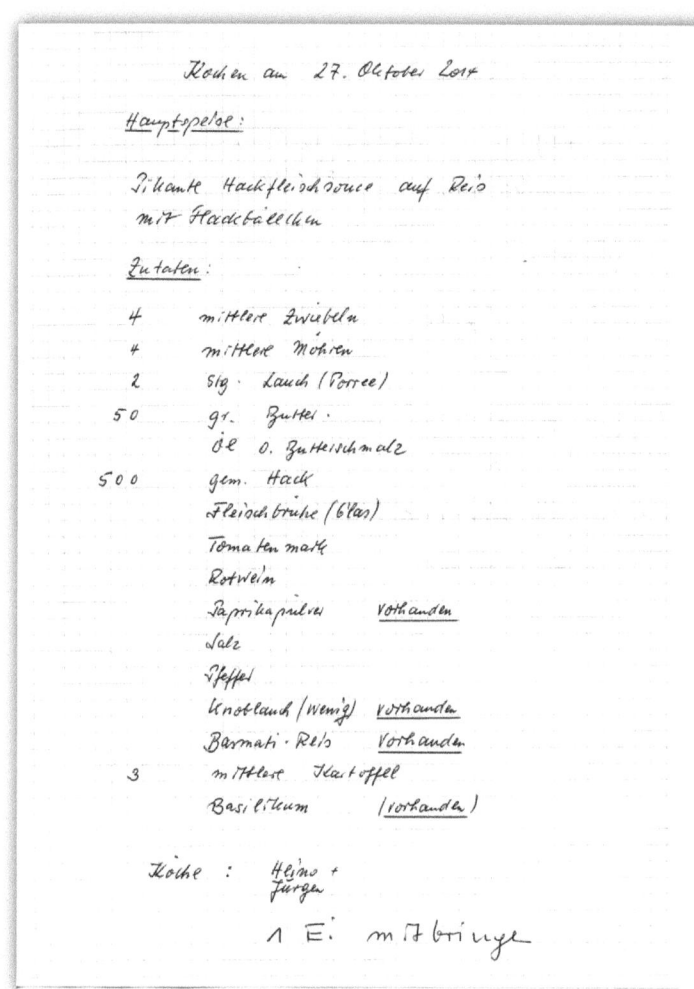

Als Jürgen und ich die Einkaufsliste von Reiner bekamen, war unsere erste Reaktion, dass ist ja nicht die ganz große Küche.

Aber man unterschätzt die allem Anschein einfachen Gerichte.
In der Zubereitung, wie am Geschmack und in der Präsentation.

Wir kamen an diesem Abend erst einmal zu spät. Obwohl wir pünktlich losgefahren sind. Stau überall. Alle anderen waren schon am Kochen, so kam doch ein wenig Hektik auf.

Reiner gab uns auf, wie er sich dann die Zubereitung vorstellte.
Wir sahen ihn nur fragend an?

Möhren in kleine Streifen schneiden.
Reiner erklärte, "Julienne" ist der Fachausdruck für diese Schneideart.
Ich hatte schon kleine Stücke aus meinen Möhren gemacht. Blöd!
Zwiebeln und Lauch hat Jürgen in kleine Stücke geschnitten. Das Ganze wird in Butterschmalz glasig gedünstet. Da die Menge rel. groß ist, dauert es doch einige Zeit. In der Zwischenzeit habe ich aus dem gem. Hack und einer Zwiebel, sowie einem Eigelb, Salz und Pfeffer, kleine Hackbällchen geformt und in einem Topf mit leicht köchelnden Wasser gegeben. Die andere Hälfte des gem. Hack wurde in einer gesonderten Pfanne angebraten bis es krümelig ist und dann zu dem Gemüse gegeben.
Das Gemüse in der Pfanne mit dem Hack, wird mit Gemüsebrühe aufgefüllt. Tomatenmark, Paprikapulver und Rotwein zugegeben, wer mag auch ein wenig Knoblauch. Gut durchrühren. Das Ganze weiter ein wenig köcheln lassen.

Die in der Zwischenzeit garen Hackbällchen in die Soße geben, abschmecken. Fertig, warmstellen.

Gleichzeitig mit den Hackbällchen hatten wir den Basmatireis mit Wasser aufgesetzt, welcher inzwischen gar war, alles Wasser war verkocht. Wir wollten den Reis im Backofen warmhalten.

Denn servieren konnten wir noch nicht, wir waren mit dem Essen der Suppen noch nicht durch.

Auch stellte sich die Frage, was geschieht mit den von uns mitgebrachten Kartoffeln?

Auf Reiners Anweisung, habe ich die Kartoffeln geschält und in Scheiben(roh) geschnitten. Immer noch ratlos was geschehen soll, habe ich die Scheiben in einen mit etwas Öl ausgerieben Topf, schön gleichmäßig auf dem Topfboden verteilt. Unsere Kochbrüder versammelten sich alle staunend um uns herum, was nun wohl passieren würde? Auf die Kartoffeln wurde der Reis pyramidenförmig aufgeschichtet! (Spitze oben). An die Seiten im oberen Teil wurden kleine Butterstückchen gegeben. Unsere ratlosen Blicke sprachen Bände. Als Krönung wurde noch ein Küchentuch auf den Topf gelegt und anschließend der Deckel darauf und das Ganze auf eine warme Herdplatte gestellt.

Wir löffelten gemeinsam unsere Suppe aus und überließen den Reis seinem Schicksal. Nach einiger Zeit wurde unser Chef doch etwas unruhig und meinte, wir sollten uns jetzt um die Hauptspeise kümmern.

Neugierig nahmen wir den Deckel und das Küchentuch ab.
Uns präsentierte sich ein perfekt gegarter Reis. Mit der richtigen Konsistenz und mit einem leichten Buttergeschmack. Der Reis ist nicht am Topfboden angebrannt und ist nicht zu trocken geworden. Die Kartoffeln auf dem Topfboden werden entsorgt.

Ein weiterer Tipp zum Anrichten auf den Tellern: Den Reis auf eine Kleine Schöpfkelle geben, etwas andrücken, mit einem kleinem Schwung auf den Teller stülpen, fertig. Auf dem Teller ist jetzt eine Halbkugel um die herum die Beilagen angerichtet werden. In diesem Fall, die von Jürgen hergestellte Hacksoße mit Hackbällchen.

Crêpe mit Calvados-Äpfeln

Aus irgendwelchen Gründen, wurden aus dem unten genannten Rezeptvorschlag, Crêpes mit Calvados-Äpfeln!

Hat da einer irgendwas vergessen?!

Bei der Zubereitung habe ich nicht immer zugesehen und Reiner hat sicherlich improvisiert. Aber da ich zu Hause immer Pfannkuchen in verschiedenen Variationen backe, versuche ich mal die Zubereitung nachzuvollziehen.

Der Crêpe-Teig wird aus Mehl, Eiern, Milch und etwas Salz hergestellt. Für 10 Stck. würde ich ca. 200g Mehl, 5 Eier, 3/4 l Milch und eine Priese Salz nehmen. Den Teig gut durchrühren und anschließend dünn in eine Pfanne geben und von beiden Seiten gold/gelb backen, danach warmstellen.

Kochen am 27.04.2014

Nachspeise:

Calvados-Apfel-Sorbet

Zutaten:

- 500 ml Apfelsaft
- Puderzucker
- Glukosesirup
- 1 Zitrone
- Calvados (vorhanden)
- Eismaschine (vorhanden)

Koch: Jürgen M.

Für die Füllung:
Die Äpfel schälen, entkernen und in Scheiben schneiden.

Ein wenig Fett in die Pfanne geben und die Äpfel darin garen. Zucker, Sirup und Calvados nach Geschmack zugeben, immer wieder abschmecken.

Die Crêpes auf einen Teller mit der Füllung anrichten.

03.11.2014 17.30 Uhr
" Männerkochen"

Unser Menü:

Vorspeise: Parmesantortelets
2. Vorspeise: Broccoliflan mit Pfifferlingen
Suppe: Rote Betesupppe
Hauptspeise: Pochiertes Schweinefilet
Süßspeise: Apfeltorte mit Sahne

Parmesantorteletts

Eine kleine Vorspeise, lt. Einkaufsliste, ist etwas untertrieben.
Es ist schon eine vollwertige Vorspeise, aber eine ganz besondere.
Keine Ahnung, warum Reiner sie Parmesantorteletts genannt hat.
Wichtig, sich vorher eine Schale bereit zu stellen. Eine Dessertschale o.ä. nicht zu groß ca.. 10-13 cm Durchmesser.
Die rechts stehende Mengenangabe reicht ca.. für 5 Portionen.
Aus den Zutaten Olivenöl, Essig, Honig, Senf, Salz und Pfeffer eine Vinaigrette herstellen. Das können wir ja schon! Salat waschen und trocken schleudern.
Jetzt geht es los.

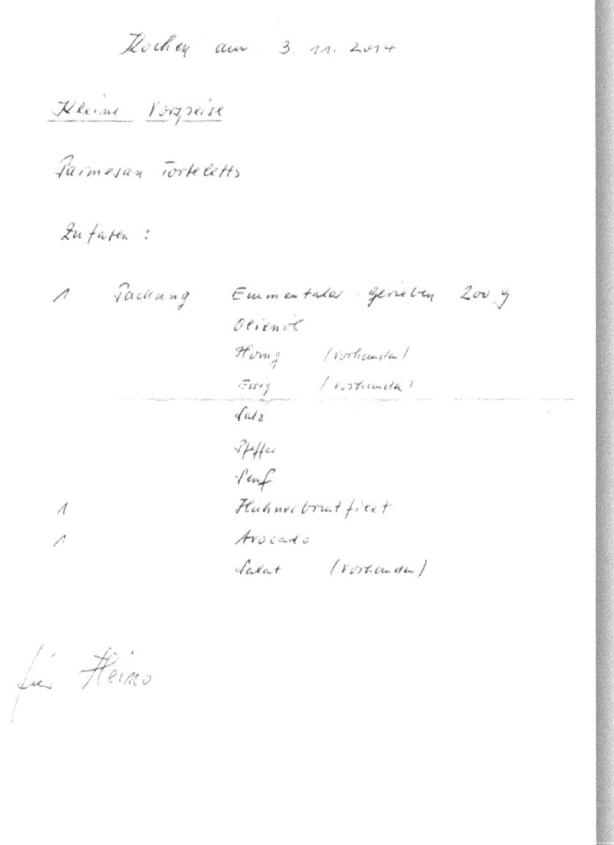

Eine beschichtete Pfanne nehmen, nicht zu heiß werden lassen und den geriebenen Käse in die Pfanne geben.
Kreisrund! Den Käse langsam flüssig werden lassen und warten bis er unten leicht braun wird aber noch nicht zu fest wird.Mit einem Schaber o.ä. den Käsefladen vorsichtig aus der Pfanne nehmen und in die Schale geben und überall andrücken, so dass eine Innenschale aus Käse entsteht. Der Käse wird sehr schnell hart und wird dann aus der Schale genommen. Die Käseschälchen mit dem Salat und der Vinaigrette anrichten. Die zuvor gebratenen und in Scheiben geschnittenen Hähnchenbrustfilets darauflegen und Servieren.
Alle staunten.

Broccoliflan

Ein Flan ist eine im Wasserbad gestockte Masse aus Eiern und Flüssigkeit. Man unterscheidet zwischen dem klassischen süßen Flan (aus Ei, Milch und Zucker) sowie dem pikanten Flan (hier werden statt Zucker, Salz und statt Milch Brühe oder püriertes Gemüse verwendet).

Süßer Flan ist ein verbreiteter Nachtisch in Portugal, Spanien und Lateinamerika.

Eine bekannte Variation der französischen Küche ist die Crème caramel.

Das zur Erläuterung, der Bezeichnung Flan.

Ich kannte die auch nicht.

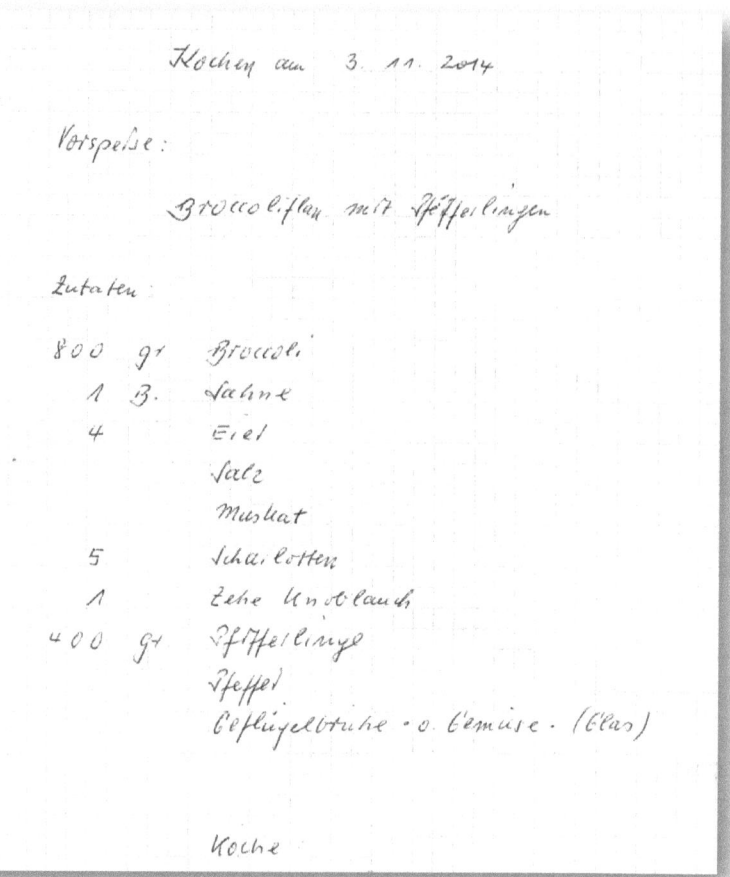

Erst einmal den gewaschenen Broccoli in mundgerechte Stücke teilen, im kochenden Salzwasser ungefähr 10 Minuten lang bei mittlerer Hitze garen lassen, in ein Sieb gießen und gut abtropfen lassen. Die Gemüsebrühe mit der Sahne und den Eiern verrühren, salzen und pfeffern. Die kleingehackten Schalotten, Knoblauch, Pfifferlinge und Broccolistücke hinzugeben.

Die Förmchen mit Butter ausreiben und die Masse einfüllen. Den Flan ungefähr 30 Minuten lang bei 200 Grad backen.

Den Flan aus den Förmchen auf die Teller geben.

Zu diesem Rezept gestehe ich, dass ich nicht immer die Zeit hatte, bei der Herstellung dabei zu sein und so etwas interpretieren musste, auch unter Zuhilfenahme des Internets.
Die Vorspeise hat uns allen sehr gut gefallen.

Rote – Bete-Suppe

Kochen am 3.11.2014

Suppe

Rote-Bete-Suppe

Zutaten:

- 1 Glas Kalbsfond
- 1 Glas Rinds-Brühe (Knorr € 1,09)
- 1 kg Rote Bete lose
- 1 ev. Rote Bete Saft
- Salz
- Pfeffer
- 2 B. Creme fraiche
- 1 Glas Meerrettich (kann man immer gebrauchen)
- 1 Bund Schnittlauch
- 1 Becher Sahne
- 1 Baguette Brot

Köche: Bree u. Edgar Luckefeld

- 1 Stabmixer mitbringen

Beim Lesen der oben stehenden Einkaufsliste sieht es sehr kompliziert aus, ist es aber nicht.
Sie ist relativ einfach herzustellen.

Bei der Verarbeitung der Rote Bete sollte nicht ohne Einweg- Handschuhe gearbeitet werden, da der rote Saft sehr farbecht ist und die Hände längere Zeit einfärbt.
Die Rote Bete schälen und in kleine Stücke schneiden.
Mit dem Kalbsfond und Rinderbrühe sehr weich kochen.
Mit dem Stabmixer die Suppe pürieren.
Bitte auch hier Vorsicht walten lassen, sonst ist eine größere Küchenreinigung fällig. Immer einen großen, hohen Topf benutzen. Den Saft und Creme fraiche hinzu geben, mit Salz und Pfeffer abschmecken.

Die geschlagene Sahne mit etwas Meerettich verrühren und nach dem Auffüllen einen Klacks auf die Suppe geben. Kleingehackten Schnittlauch darüber streuen.

Pochiertes Schweinefilet auf Gemüse der Saison

Eigenlich ist Schweinefilet, oder alles was vom Schwein kommt, nicht so mein Fall. Aber, wenn es von einem Biohof kommt und von einem Schlachter meines Vertrauens, esse ich auch Schweinefleisch.
Vielleicht sollten wir alle mehr auf Qualität achten und ein "wenig" mehr bezahlen und dafür einmal weniger Fleisch essen.

So nun zu dem Rezept und zur Zubereitung:

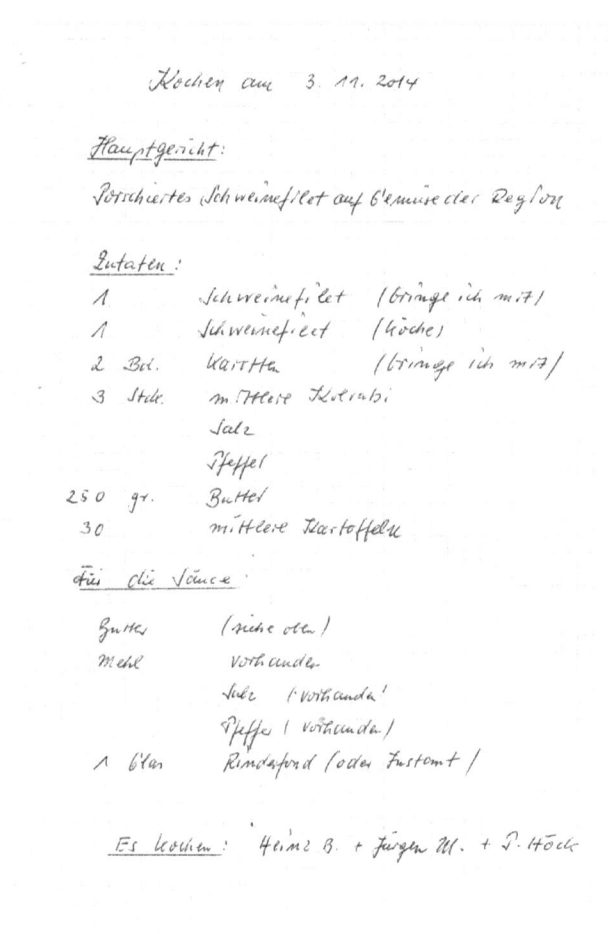

Die Schweinefilets von Haut und Sehnen befreien.

Die Karotten putzen und in kleine Streifen schneiden. Kohlrabi schälen und klein schneiden. Alles im Dampfgareinsatz des Kochtopfs biss-fest garen.

Zwischenzeitlich das Schweinefilet in das leicht köchelnde Wasser legen und max. 15 min ziehen lassen.

Aus der Butter und dem Mehl eine klassische Mehlschwitze herstellen und mit dem Rinderfond eine Soße zu bereiten. Wichtig: Es ist ein ständiges Rühren erforderlich, um ein Verklumpen zu vermeiden. Nicht zu viel Mehl nehmen! Mit Salz u. Pfeffer abschmecken. Aufkochen lassen, fertig.

Das Gemüse auf den Tellen anrichten, die kleinen gekochten Kartoffeln dazu geben. Das Schweinefilet aufschneiden (ca.1-1 1/2 cm dünne Scheiben) und auf das Gemüse legen. Soße um das Gericht gießen und servieren.

Apfeltorte mit Sahne

Apfeltorte mit Sahne! Als Süssspeise nach den voraus gegangenen Speisen! Reiner denkt scheinbar nicht an unser Gewicht bei der Zusammenstellung des Menüs.

Aber irgendwie ist dieses Meisterstück, hergestellt von Hans und Herrmann, komplett verspeist worden. Zur Herstellung dieses Backwerks möchte ich nichts weiteres beitragen, da ich die Zubereitung nicht verfolgt habe.

Kochen am 3.11.2014

Süsspeise: 2. Versuch
Apfeltorte mit Sahne

Zutaten:

- 150 gr. Butter
- 150 gr. Zucker
- 1 P. Vanillezucker
- Salz
- 4 Eier
- Zitronenbacköl (vorhanden)
- 250 gr Mehl
- 1 T. Backpulver
- 1 kg säuerliche Äpfel
- 1 Springform

Belag o. Streusel:

- 150 gr Mehl
- 50 gr Zucker
- 1 P. Vanillezucker
- 100 gr Butter
- 2 B. Sahne

Es backen: Hans H. u. Herrmann

24.11.2014 17.30 Uhr
" Männerkochen"

Unser Menü:
Vorspeise: Gebratenes Lachsfilet auf Gemüse
Vorsuppe: Fenchelsuppe mit Avocados
2. Vorsuppe: Selleriesuppe auf Kokosmilchbasis
Hauptspeise: Wiener Schnitzel
Süssspeise: Wallnussoufflé

Der Abend war sehr entspannt.
Wir hatten ja schon Übung und schnell begannen wir mir dem Kochen.
Große Anforderungen wurden meiner Meinung nach nicht an uns gestellt.

Gebratenes Lachsfilet auf Gemüse

Man vermutet, beim Lesen der Einkaufsliste, dass das Lachsfilet im ganzen Stück gebraten wird und auf das Gemüse gelegt wird. Falsch!

Es ist, meiner Meinung nach, eine ganz besondere, sehr schmackhafte Zubereitung.
Beim Filet sollte es sich um sehr gute frische Ware handeln.

Das Lachsfilet enthäuten (am besten vom Fischhändler machen lassen) und entgräten. In kleine Stücke schneiden.
Die Filetstücke in Olivenöl andünsten. Nur ganz kurz! Innen sollte der Lachs noch roh sein.
Die Schalotten und Knoblauch andünsten. Den Knoblauch nicht verbrennen lassen! Die TK-Erbsen dazu geben und so lange dünsten bis die Erbsen heiss und aufgetaut sind.
Mit Gemüsebrühe übergießen, kl. Menge Weißwein zugeben, alles mit Salz und Pfeffer abschmecken.
Zuletzt die Lachswürfel mit gar werden lassen.
Auf die Teller den Ruccolasalat geben und das Lachsfilet darauf anrichten, mit Sojakeimlingen und Minze dekorieren. Wir fanden die Vorspeise sehr gelungen, das Lachsfilet war sehr saftig und das Ganze war sehr gut abgeschmeckt.

Fenchelsuppe mit Avocados

Fenchelsuppe mit Avocados!?

Wir haben an den letzten Kochabenden wirklich schon außergewöhnliche Speisen hergestellt, aber Reiner überrascht uns immer wieder mit seinen Vorschlägen

Unser Wunsch ist es ja möglichst viele Suppen auszuprobieren.

Lt. den Köchen Jürgen und Edgar war die Herstellung nicht besonders schwer.

Die Fenchel-Knollen waschen, halbieren, Strunk raus schneiden, Fenchel klein würfeln. Kartoffeln schälen, ebenso klein schneiden.

Die Schalotten in Olivenöl andünsten, die Kartoffeln und Fenchel dazu geben, mit andünsten und anschließend mit Gemüsebouillon ablöschen und weich kochen.

In einem Gefäß die reifen Avocados (Ohne Schale), mit den 3 Bechern saurer Sahne pürieren. Am besten ein hohes Gefäß verwenden.

Wenn die Kartoffeln mit dem Fenchel gar und weich sind ebenfalls Pürieren.

Die Avocado und Saure-Sahne zu den Fenchel-Kartoffeln geben, mit Salz Pfeffer und Muskat abschmecken.

Zu der Suppe haben wir geröstetes Toastbrot gegessen.

Die Meinungen waren unterschiedlich, von Ablehnung, " mag ich nicht", bis ganz gut, " und "geht so".

Wir warteten auf die zweite Suppe. Da waren Bill und Matthias aber noch im Stress.

Sellerie-Suppe auf Kokos-Milch Basis

Wir waren alle sehr gespannt auf diese Suppe. Selleriesuppe ja, aber mit Kokosmilch?

Vorweg gesagt, es wird unsere favorisierte Suppe.

Kochen am 24.11.14

Suppe

Sellerie-Suppe auf Kokos-Milch Basis

Zutaten:

2		mittlere Sellerie Knollen
1	Do.	Kokosmilch ungesüßt
	c	Salz
		Pfeffer weiß
		Muskat
2	mittlere	Ingwer Stücke
3		Schalotten
1	Becher	Sahne
1	Becher	Creme fraiche
1		Stabmixer
1/2	elt.	Vollmilch
1	Glas	Gemüsebrühe

Es kochen: Bill + M. Kock

Zur Herstellung:

Die Sellerieknollen schälen und in kleine Stücke schneiden. Ingwer schälen und in etwas größere Stücke schneiden, denn sie werden vor dem Pürieren entfernt. Die gewürfelten Schalotten in Olivenöl andünsten, den Sellerie hinzu geben und mit der Gemüsebrühe auffüllen.
Ist der Sellerie schön weich, die Ingwerstücke raus fischen und den Sellerie pürieren. Die Suppe sollte noch durch ein feines Sieb passiert werden.
Die Kokosmilch und die normale Milch, Sahne und Creme fraiche dazu geben, leicht aufkochen mit Salz, Pfeffer und Muskat abschmecken. Fertig.

Zur Garnitur empfehle ich, kleingehackte Petersilie oder Schnittlauch.

Wiener Schnitzel

Der Klassiker.
Die Kalbsschnitzel, die Herrmann besorgte, waren wirklich von sehr guter Qualität.
Die Schnitzel sollten nicht größer sein als 150 -160g pro Person.
Ich kann wirklich nichts Schlaues zu dem Thema, aus der Keule und "quer zur Faser geschnitten" sagen, wie in der Einkaufsliste gefordert. Der Schlachter unseres Vertrauens wird schon wissen, was gemeint ist.

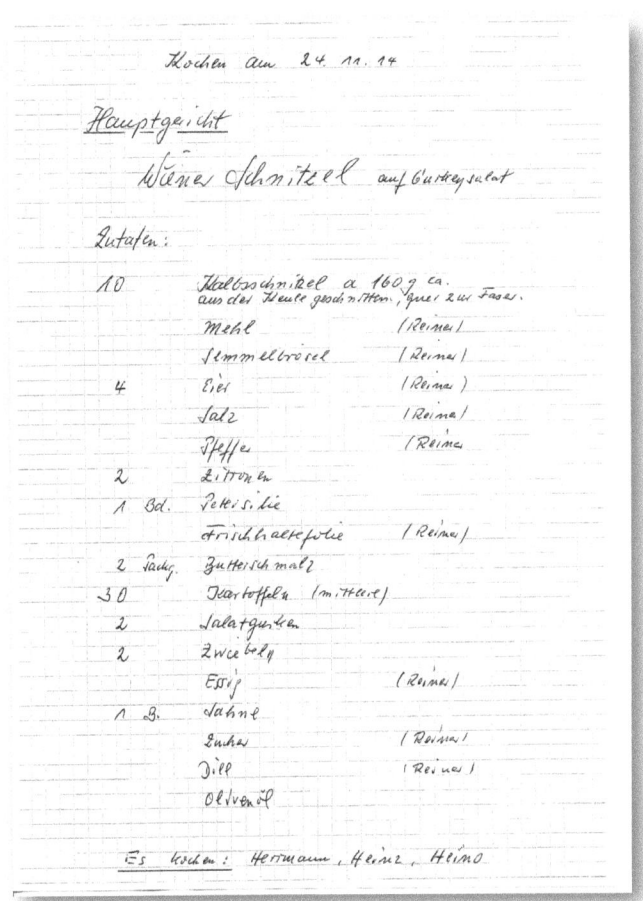

Dieses doch sehr teure Fleisch sollte man pfleglich behandeln.
Das schon dünn geschnittene Fleisch wird einzeln auf ein Holzbrett gelegt, mit Klarsichtfolie abgedeckt und mit einer Kasserolle oder einem anderen flachen Topf ganz dünn geklopft.
Anschließend gesalzen und gepfeffert. Leicht mit Mehl bestreuen.

Für die Panade das Eigelb verrühren, die Schnitzel darin wenden und anschließend in die Semmelbröseln legen und gut bestreuen.
Einzeln auf einen Teller legen.

Die 30 gleich großen Kartoffeln gar kochen und warm stellen.

Zwischenzeitlich hat ein Kochbruder die Gurken geschält und mit einem Küchenhobel ganz dünn geschnitten. Aus den Zutaten, wie sehr klein geschnitten Zwiebeln, Öl, Essig, Sahne, Zucker und Dill eine Vinaigrette herstellen und zu den Gurken geben.
Der Gurkensalat sollte als erstes hergestellt werden, damit die Gurken das Aroma von der Vinaigrette annehmen.
Die Schnitzel in reichlich Butterschmalz backen. Die Schnitzel müssen im Fett schwimmen, sonst garen sie nicht gleichmäßig. Zusätzlich kann während des Backvorgangs mit einem Löffel immer wieder Fett aus der Pfanne auf die Oberseite des Schnitzels geschöpft werden. Nachdem die Unterseite goldgelb gebacken ist, wird das Schnitzel gewendet und zu Ende gebacken.
Drei Kartoffeln und ein Löffel Gurkensalat auf den Teller geben. Die Schnitzel darauf legen, eine dünne Scheibe Zitrone dazu legen, mit Petersilie bestreuen und servieren.

Walnusssoufle´

> Kochen am 24.11.14
>
> Rezepte:
>
> Walnusssoufflé
>
> Zutaten:
>
> | | | | |
> |---|---|---|---|
> | 1 | ltr. | V. Milch | |
> | | | Vanilleschote | (Reiner) |
> | 1/4 | | Butter | |
> | 50 | gr | Mehl | (Reiner) |
> | 6 | | Eier | |
> | 100 | gr | gehackte Walnüsse | |
> | 2 | | Eier | (Reiner) |
> | | | Vanillezucker | (Reiner) |
> | 10 | | Förmchen | (Reiner) |
>
> Jürgen H. + Reiner

Die weiche Butter mit dem Mehl verkneten. Die Vanilleschote aufschneiden, zusammen mit der Milch und dem Salz aufkochen, anschließend wieder entfernen. Die Milch vom Herd nehmen, die Mehlbutter langsam in kleinen Portionen darunter arbeiten. Unter Rühren nochmals kochen, bis eine glatte, homogene Masse entsteht.

Dann 1 Eiweiß und nach und nach die Eigelbe darunter arbeiten. Die Walnüsse und den Rum hinzufügen. Wieder gut daunter arbeiten. Das restliche Eiweiß mit dem Zucker steif schlagen und dann sorgfältig mit einem Kochlöffel unter die Masse heben. Die Souffléförmchen ausbuttern, mit Zucker ausstreuen, dann zur Hälfte mit der Masse füllen. Die Soufflés im vorgeheizten Ofen bei 220 Grad im Wasserbad ca.. 20 Minuten backen. Mit Puderzucker bestäuben und schnell servieren.

Es ist eine ganz ausgezeichnete Nachspeise, ich muss aber gestehen, dass ich bei der Herstellung nicht so richtig dabei war und mich auf die späteren Berichte der Köche verlassen habe.

Auch eine Anleitung aus dem Internet habe zur ich Hilfe genommen. Verzeihung!

1.12.2014 17.30 Uhr
" Männerkochen"
Unser Menü:
Vorspeise: Matjestatar auf Rote Bete Spiegel
Vorsuppe: Riesling Basilikum-Suppe
Hauptspeise: Kohlrouladen mit Gemüse der Saison
Süssspeise: Zimteis

Wir hatten schon einige Wochen vorher abgestimmt, dass wir zu unserem letzten Kochabend vor Weihnachten unsere Ehefrauen und Partnerinnen dazu einladen, mit uns gemeinsam zu essen. Sozusagen als Krönung unserer Kochbemühungen und um auch zu zeigen, was wir alles können.

Der heutige Abend sollte unsere Generalprobe sein. Am Ende wollen wir besprechen, welche Speisen wir Kochen wollen.

Matjestatar auf Rote-Bete-Spiegel

Als Vorspeise, zählt diese mit zu den Favoriten.
Um es vorweg zu sagen, dass Kleinschneiden der Zutaten, wie Matjesfilets, Äpfel, Gurken, Schalotten usw.. ist schon sehr zeitaufwändig. Andererseits kann man die Vorbereitungen schon am Vortag beginnen.
Das Kochen der Rote Bete Köpfe, sollte auf jeden Fall schon am Vortag erfolgen. Zum Kleinschneiden sollten sie nicht mehr warm sein.
Bitte ohne Schale kochen!
Den Rote Bete Saft in einem Topf mit grob geschnittenem Ingwer, Pfeffer und Salz geben und aufkochen. Zwischendurch abschmecken. Nach einer Weile den reduzierten Saft mit Maiskernpulver (Maizena) andicken. Auf die bereitgestellten flachen Teller wird ein "Spiegel" aufgefüllt, also nur so viel, dass der Tellerboden gerade bedeckt ist. Ingwer vorher herausnehmen!
Die Teller zum Abkühlen beiseite stellen.
In der Zwischenzeit hat einer der Kochbrüder die Schnippelei beendet und alle Zutaten in einer Schüssel gut durch gerührt. Mit Limettensaft und Sojaöl abgeschmeckt.
Wir haben auch etwas Gurkenwasser hinzugegeben. Das Tatar sollte nicht zu trocken sein. Einige Rote Bete Köpfe wurden nicht kleingehackt sondern in dünne Scheiben geschnitten. Das Tatar in einen Dessertring füllen und auf eine Scheibe Rote Bete , etwas andrücken, Dessertring abziehen und mit einem Messer o.ä. auf den jetzt halbfesten Rote Bete-Spiegel legen. Mit etwas Dill garnieren und servieren.
Anmerkung: Diese Vorspeise schmeckt auch Allen, die sonst keinen Matjes essen.

Riesling Basilikum Suppe

Im Vorfeld stand diese Suppe auch auf der Favoritenliste.

Irgendwie ist da etwas schief gelaufen.

Unserem Kochbruder Hermann ist die Rieslingflasche auf dem Parkplatz aus der Hand gerutscht...

Jetzt mußte die mitgebrachte Flasche Chardonnay herhalten, welche wir eigendlich so nebenher trinken wollten.

Macht nichts, wir hatten noch genug Rot- und Weißwein.

Eigentlich ist die Herstellung dieser Suppe sehr einfach, wenn die Hollandaise aus dem Glas genommen wird. Bei eigener Hestellung wird es doch komplizierter.

Der Geflügelfond wird mit dem Riesling erwärmt, Creme Fraiche, Sahne und die Hollandaise dazu geben. Unter Umständen die Suppe mit Maizena etwas andicken
Mit Salz und Pfeffer abschmecken.
Kleingehacktes Basilikum dazu und servieren.

Die Reaktion der Kochbrüder war einstimmig, diese Suppe ist gewöhnungsbedürftig. Vieleicht, wenn wirklich Riesling in der Suppe wäre, aber so.

Wir haben uns entschlossen, für unser Weihnachtsessen als Vorsuppe die Selleriesuppe auf Kokosmilchbasis zu kochen.

Kohlroulade mit Gemüse der Saison

Als Köche fungierten Heinz B. und Jürgen M.

Die Aufgaben von Reiner an die Köche, außer den Einkäufen, den Weißkohl blanchiert mitzubringen!

Aus den Äußerungen von Heinz entnahmen wir, dass er mit dieser Aufgabe etwas überfordert war und seine Uschi mit zu Hilfe nahm. Es ist auch sehr schwierig den ganzen Kohlkopf in einen Kochtopf zu kriegen.

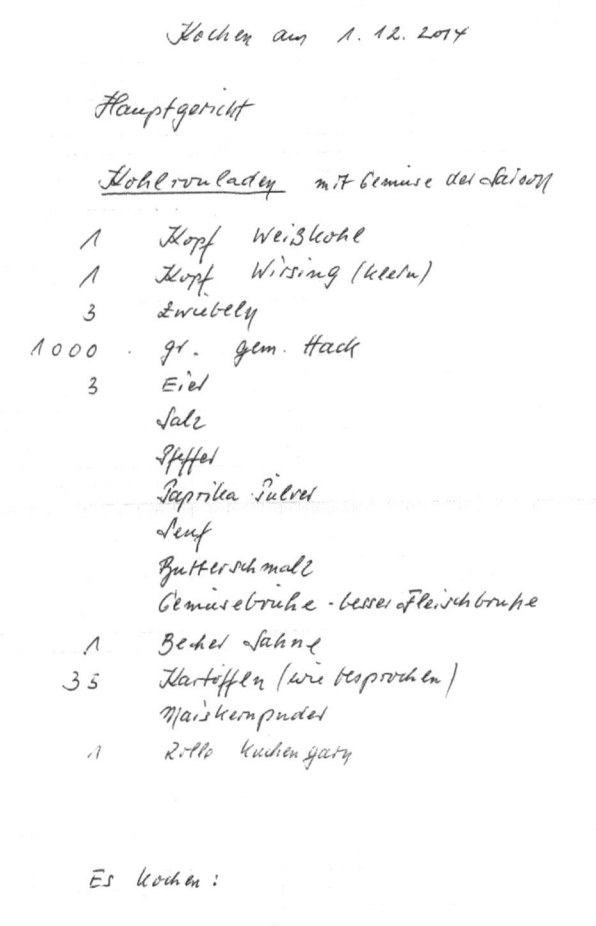

Also am Gelingen dieser Speise war Uschi B. mit beteiligt. Kohlrouladen ist ein tolles Essen. Aber für 11 Personen alles in ca. 1 1/2 Stunden, herzustellen, ist schon eine Herausforderung. Abgesehen von dem handwerklichen Geschick, wie das Wickeln der Rouladen. Aber da waren die Richtigen am Werk.

Da der Weißkohl schon blanchiert war, konnte gleich mit der Zubereitung der Füllung begonnen werden.

Aus dem gem.. Hack-, sehr kleingehackten Zwiebeln, Salz, Pfeffer, Paprika und Senf einen geschmeidigen Teig kneten. Das geht am besten mit den Händen.(Eimal-Handschuhe tragen). Die Weißkohlblätter auf einem Küchentuch ausbreiten und portionsweise das Hack dazu geben.

Anschließend sehr sorgfältig einrollen , an den Enden einschlagen, wie ein Geschenkpaket und mit Kochgarn umwickeln.

Die Rouladen in Butterschmalz von allen Seiten schön braun anbraten, Vorsicht, nicht anbrennen lassen. Mit Fleischbrühe ablöschen und ca.. 45 Min zugedeckt köcheln lassen. Mit Salz, Pfeffer und der Sahne abschmecken, mit Maizena die Soße andicken.

Die 35!! gleich großen Kartoffeln waren in der Zwischenzeit auch gar. Der Wirsingkohl (geschnitten) ist kurz angeschmort worden.

Auf den Tellern werden jeweils drei Kartoffeln, etwas Wirsing, Soße und eine von Küchengarn befreite Kohlroulade angerichtet. Sehr lecker und gut anzusehen.

Zimteis

Eine tolle Süßpeise, auch rel. einfach herzustellen, wenn eine Eismaschine vorhanden ist.
Nur die Zutaten zusammen rühren, in einen Gefrierschrank stellen und einige Male umrühren, bringt nicht den gewünschten Erfolg.

Kochen am 1.12.2014

Süßpeise:

Zimteis

Zutaten:

3	Stg	Zimt
1		Zitrone
50	gr	Zucker
250	ml	Milch
300	ml	Sahne - süß
50	gr	Puderzucker
	gem.	Zimt
1	Pack.	Früchte aus der TK-Abteilung
		Eismaschine (vorhanden)

Es kochen!

Den Zimt in einem kleinem Topf mit der Milch erhitzen, rühren und wieder abkühlen lassen, dann die übrigen Zutaten mit der süßen Sahne und der Zimtmilch mit dem Stabmixer schaumig mixen. In den Behälter der Eismaschine füllen und 50 Minuten mit der Eismaschine zur Eiscreme rühren.

8.12.2014 15.30 Uhr
" Männerkochen"

Unser Menü:
Vorspeise: Matjestatar auf Rote Bete Spiegel
Suppe: Sellerie-Suppe auf Kokosmilch Basis
Hauptspeise: Ente Klassisch mit Rotkohl und Rosenkohl
Süssspeise: Mousse au Chocolate weiß und dunkel

Der große Tag ist da!

Wir Kochen heute für 22 Personen.
Nicht nur Kochen, wir möchten unseren Gästen, Ehefrauen und Partnerinnen, auch einen gelungenen Abend mit einem schönen Ambiente bieten. Dazu gehören eine festlich gedeckte Tafel und weihnachtliche Tischdekoration.
Gepflegte Getränke, wie Aperitif, edle Weiß- und Rotweine. Wir wollen schließlich zeigen, was wir können!
Musik hatten wir vergessen!

Um es nochmals zu erwähnen, es handelt sich um eine Schulküche, in der alle möglichen großen und kleinen Leute sich in der Kochkunst üben.

Die Tische und Stühle entsprechen einem Klassenzimmer in den frühen 1970 Jahren. Backöfen und Herde würden sich als Ausstellungstücke für ein Museum, welches sich mit den Anfängen der modernen Küche beschäftigt, hervorragend eignen.

Teller sind ausreichend vorhanden, aber immer nur jeweils für einen Gang, danach heißt es Abwaschen bis die Hände weich wurden. Was ich besonders toll fand, es brauchte niemand für diese Aufgabe aufgefordert zuwerden.

Gläser sind von uns mitzubringen.

Wir trafen alle pünktlich und mehr oder weniger schwer beladen in der Küche ein.

Für gewöhnlich waren wir alle sehr entspannt, wenn wir uns zu den Kochabenden trafen. Heute habe ich den Eindruck, dass wir doch alle etwas angespannt und aufgeregt waren. Ich glaube, unser Chef auch.

Schnell macht einer von uns erstmal eine Flasche Wein auf, zur Begrüßung.

Bei den vorhergehenden Kochabenden, hat Reiner eine Liste erstellt (eine sogenannte "to do Liste"), in welche eingetragen wurde wer was mitbringt, einkauft und besorgen musste.

Um diese logistische Meisterleistung zu dokumentieren habe ich die Liste beigefügt.

		Kochen am 8.12.2014	Heino
	Zubehör		
22	tiefe Teller	Ok. 6 x Hertman	Ok
22	flache Teller	Ok.	
22	kleine Teller - Dessert	Reiner Ok.	
22	Messer	Ok	
22	Gabeln	Ok	
22	Teelöffel	Ok	
22	Serv	Heino	
22	Sets - Tischdecke	Hertman	
Deko -	Tannenzweige - Schere	Peter	
Deko -	Herzen - Halter	Peter	
22	Weingläser	12 x Herm - Heino / 12 x Reiner	
22	Wassergläser	8 x Heino / Hermann / 2 x Reiner / 2 x Herm / 2 x Edgar / 1 Sauciere / 1 Sauciere	
6	Schüsseln - gr. L		
6	Löffel groß		
3	Sauciere		
	Weine /rot/	6 + Jeige	
	Weine /weiß/	6 + 3 + 1 Ltr.	
	Wasser		
	Sekt o. Prosecco	Peter Hoch	
	Sektgläser - Plastik	Peter	
	Brot - Brotkörbe	1 x Heino ? 4/5 Baguette Reiner	
	Butter o. Schmalz	Herm Haus.	
	Brettchen	Edgar	
	Schüssel f. Speise	Reiner	

Auf die Zubereitung der einzelnen Gänge, hatten wir uns schon 1 Woche vorher geeinigt.
Den Hauptgang, Ente, dafür sollten wir alle verantwortlich sein, bzw.. mithelfen.

Funktionierte nicht so richtig, da z.B. Jürgen R. und ich für das Matjestatar zuständig waren und Unmengen zu schnippeln hatten, konnten wir eigentlich nirgends so richtig helfen.(Außer Abwaschen)

Andere Kochbrüder waren nicht so eingespannt, z. B. Suppe Kochen, sie waren gerne bereit, den anderen beim Tischdecken und dekorieren zu helfen.

Die Tafel wurde von denen festlich eingedeckt, mit einer super weihnachtlichen Dekoration. Von den Klassenzimmertischen war danach nichts mehr zusehen!

Lange habe ich überlegt, ob ich nur über die Zubereitung der Speisefolge berichten sollte.
Oder vielleicht auch über den Verlauf des Abends.

Dann habe ich mich entschlossen, so zu berichten wie er verlief. Auch auf die Gefahr hin, dass der eine oder andere Kochbruder mich etwas schief ansieht.

Reiner war wie immer einige Zeit vor uns in der Küche.
Den Rotkohl zu den Enten wollte Reiner, zu Hause einige Tage vorher, mit allerlei Raffinesse zubereiten. Als wir kamen stand der Rotkohl schon auf dem Feuer. (Herdplatten aus Eisen)
Wir packten unsere Sachen aus und fingen auch gleich mit den Vorbereitungen an.
Es ging damit los, dass ich auch nach längerem Suchen und langsam aufsteigender Panik, die gesamten Kräuter und Gewürze, in den div. von mir mitgebrachten Taschen nicht finden konnte.

Reiner kannte kein Pardon. Heute zu improvisieren, geht gar nicht!
Mit den Worten, "Du weist wo EDEKA ist", wurde ich losgeschickt.
Gott sei Dank hatte ich noch keinen Wein getrunken.
Reiner hat ja Recht, Matjestatar ohne Dill, unvorstellbar.
Also zu EDEKA. Der Laden war wirklich in der Nähe, schnell Kräuter bezahlen und raus.
Im Auto, schon auf dem Rückweg, klingelt mein Handy, Heinz war dran.
"Deine Kräuter haben wir gefunden, lagen unter dem Baguette. Bitte geh noch mal in den Laden, wir haben kein Butterschmalz."

Um ganz ehrlich zu sein, ich war ein klein wenig genervt, als ich wieder in der Küche ankam.

Bei meiner Rückkehr herrschte schon emsiges Treiben in der Küche.

Mein Kochpartner Jürgen hatte schon fleißig mit dem Schnippeln begonnen.

__Matjestatar auf Rote Bete Spiegel__

Auf der Seite 44 habe ich die Herstellung beschrieben.

Aus der nebenstehenden Einkaufsliste, ist zu ersehen, dass wir nur die Mengenangaben verändert haben, ansonsten ist alles gleich geblieben.

Bei unserer Ankunft in der Küche, habe ich mir sofort einen Servierwagen gesichert,
welcher in der Kammer für Töpfe usw.. stand. Es passten genau 22 Teller darauf.
So konnten Jürgen und ich, den Rote Bete-Spiegel frühzeitig auf die Teller geben und erkalten lassen.
Unser Kochfreund Bill erschien ein klein wenig später. Mit sorgenvoller Miene.
Bill und Edgar waren für die Süssspeise zuständig.

__Zimteis__

Aus der nachfolgenden Einkaufs und Zutatenliste ist zu erkennen, dass es sich nicht um die Kurz-bzw.. Einfachzubereitung dieser Süßspeise handelt, sondern schon um eine, die sehr aufwendig ist.
Reiner hatte Bill die Aufgabe übertragen, zu Hause mit den Arbeiten zu beginnen, da die Zeit an unserem großen Tag nicht ausreichen würde. Auch weil die Masse über Nacht genug auskühlen muss.
Bill war völlig ratlos. Die Masse die er mitbrachte, hatte mit der zur erwartenden Mousse au Chocolate, so wie der Konsistenz des Ganzen überhaupt keine Ähnlichkeit.
Glaubhaft erzählte Bill uns, dass sie beide, Sonja und er, zweimal den Versuch unternommen haben, und immer das gleiche Ergebnis herauskam.
Die Sache wurde fachgerecht entsorgt. Der Gesichtsausdruck unseres Chefs wirkte etwas säuerlich.
Die Zutaten hatten Bill und Edgar aber dabei.

Mousse au chocolat

Zutaten:
- 450 gr Zartbitterschokolade
- 6 Eigelb
- 6 EL Zucker
- 3 EL Kakao
- 7 cl Grand Manier – hätte ich
- 6 Eiweiß
- 600 ml Sahne
- Puderzucker
- 3 Orangen
- Klarsichtfolie
- 1 Zest (Zeste)

Es kochen für uns und unsere Frauen:

Heinz + Hans-Hans

(Mousse au chocolat ist immer nur so gut, wie die dafür verwendete Schokolade.)

Zartbitterschokolade in Stücke brechen. In einer Schüssel Eier trennen. Die Zartbitterschokoladenstücke mit dem Eigelb in einem heißen Wasserbad unter ständigem Rühren schmelzen lassen, bis eine homogene Masse entsteht. Zucker und die geschlagene Sahne vorsichtig unterheben. Kakao und Grand Manier zugeben.
Es sollte eine schaumige, feste Masse werden.

Anschließend kühl stellen.

Irgendwie war in der Zubereitung dieser Speise der Wurm drin, es klappte erst nach dem zweiten Anlauf.
Ich glaube, dass Wasserbad war zu heiss, dann flockt das Ei auch das Eiweis aus. Reiner nahm die Sache in die Hand und es ging voran.

Weisse Mousse au chocolat

Kochen am 8. 12. 2014

Zutaten:
- 450 gr Weiße Schokolade
- 3/4 ltr. Sahne
- 6 cl Orangenlikör – hätte ich
- 3 gr Mangos
- Puderzucker
- Kakao

kg

Es kochen: Bill + Edgar

(Mousse au chocolat ist immer nur so gut, wie die dafür verwendete Schokolade.)

Herstellung wie vorher die Dunkle Schokolade.

Sellerie-Suppe auf Kokos-Milch Basis

Diese Suppe hatten wir schon im Vorfeld zu unserer Lieblingssuppe erkoren und Hermann und Peter hatten schon Übung in der Herstellung.
So konnten sie den Anderen helfend zur Seite stehen und sie waren bei der Herstellung der Tischdekoration sehr kreativ. Es wirkte alles sehr weihnachtlich.

Das Rezept habe ich auf den vorigen Seiten (47) beschrieben.
Geändert hat sich nur die Menge.

```
Kochen am 24.11.14
         + 8.12.14

Suppe

Sellerie-Suppe auf Kokos-Milch Basis

Zutaten:

2        mittlere    Sellerie Knollen
1        Do.         Kokosmilch ungesüßt
         c           Salz
                     Pfeffer weiß
                     Muskat
2        mittlere    Ingwer Stücke
3                    Schalotten
1        Becher      Sahne
1        Becher      Creme fraiche
1                    Stabmixer
1/2      Ltr.        Vollmilch
1        Glas        Gemüsebrühe
```

Wie gesagt, Reiner hatte uns Allen Aufgaben zugeteilt, wer, was, wann, und wo kocht und zubereitet.

Die Enten mit allen dafür anfallenden Arbeiten, wie Kartoffeln schälen, Füllung für die selben zubereiten, Rosenkohl putzen usw..

Für den Rotkohl auf dem Herd, ganz außen am Fenster, fühlte sich keiner verantwortlich.
Wohl, weil auch nicht alle wussten, was in den Töpfen vor sich hin köchelt.
Bis dahin!
Irgend wann roch es sehr angebrannt in der Küche.
Trotz diverser Rettungsversuche, es war nichts mehr zu retten. Der schöne Rotkohl war ein Brandopfer.
Ein Blick in die Runde, "wer fährt zu EDEKA?" Langsam wurde die Zeit knapp.

Ente

Es nützt nichts, Ruhe bewahren, Wir hatten noch genug Zeit, um aus dem Dosenrotkohl, einen sehr schmackhaften Rotkohl herzustellen. Von unseren Gästen hat es, glaube ich, keiner gemerkt, woher der Kohl kam. Mit einem Meisterkoch zur Seite geht so etwas. (Äpfel, Nelken, Lorbeerblätter und div. andere Gewürze.)

In der Zwischenzeit, waren unsere Kochbrüder nicht untätig. Die Enten wurden vorbereitet. D.h. gewaschen, innen und außen gesalzen, gefüllt mit Äpfeln und Zwiebeln. Anschließend mit Küchengarn zugenäht. Da zeigten sich wieder die Fachleute mit Handwerkserfahrung, wir Jürgen M. und Heinz B.

Die fünf Backöfen waren vorbereitet worden, so dass die Enten einfahren konnten. Auf einem Rost, darunter wurde das Bratblech mit etwas Wasser gefüllt und Suppengrün

Heinz war der Entenbräter, er beschöpfte die Enten regelmäßig und überwachte den Bräunungsgrad akribisch. An fünf Herden!

Die Bratzeit beträgt ca. 2 ½ Stunden, bei 120°-150°C

Das Entenklein wird mit etwas Fett angebraten und mit Wasser abgelöscht und Gemüse dazu. Längere Zeit köcheln lassen.

Aus dem Gänsefond und Entenfond und dem Fond von Entenklein, wird eine Soße zubereitet.

Mit Rotwein, Gewürzen, Salz und Pfeffer abschmecken, u.U. etwas eindicken.

Bischen aufgeregt waren wir alle. Unsere Blicke gingen jetzt öfter zur Uhr. Unsere Küche war durch das Braten der Enten doch recht verqualmt.

Wir mußten erst einmal Durchzug veranstalten, damit unsere Gäste nicht gleich nach Entenbraten riechen.

Die Kartoffeln waren fertig, der Rotkohl und Rosenkohl wurden noch abgeschmeckt und für gut befunden. Heinz hat die Enten mit Staniolfolie abgedeckt, da sie die richtige Bräunung hatten. Die Temperatur am Herd reduziert.

Reiner eilte von einer Kochstelle zur nächsten, um sich zu vergewissern, dass alles ok. ist.

18.30 Uhr
Unsere Damen trafen nach und nach ein.
Die Arbeitsplätze waren bis auf die Töpfe und div. Gerätschaften, die wir noch brauchten, aufgeräumt.
Wir standen bereit um die Damen gebührend zu empfangen und mit Prosecco zu begrüßen.

Ich glaube, beim Anblick der festlich gedeckten Tafel waren unseren Damen dann doch überrascht, was Männer so alles bewerkstelligen können. Ein bischen neugieres Töpfegucken der gestandenen Hausfrauen war auch dabei.
Nach div. Fotoshooting wurde zu Tisch gebeten.

Wir liefen zur Höchstform auf. Einige von uns servierten die Vorspeise (Matjestatar), andere schenkten Rot- bzw. Weißwein und Wasser ein.
22 Personen bekamen zeitgleich die Vorspeise so wie Getränke serviert.

Nach der Vorspeise wurden die Teller abgeräumt und sofort von einem Teil von uns abgewaschen. Die Anderen bereiteten die Teller für die Suppe vor. Innerhalb kurzer Zeit wurde die köstliche Selleriesuppe serviert und von Allen genossen. Bei uns stellte sich auch eine gewisse Routine ein. Da alles bisher gut verlief wurden wir auch gelassener.

Die Blicke der Entenbräter gingen öfter zu unserem Chef, wann er endlich den Startschuß gibt.
Zwischendurch mußten wir ja auch noch abwaschen!

Beim Servieren des Hauptganges kam doch noch etwas Hektik auf.
Jetzt wurden 5 Enten von Reiner nacheinander tranchiert und portionsweise auf die Teller angerichtet. Wir trugen die Teller dann zur Kartoffel, Rotkohl- und Rosenkohlstation. Achteten darauf, dass alles sauber angerichtet wurde. Am Schluss etwas Soße an den Rand und servieren.
Zwei Kochbrüder kümmerten sich um das Nachlegen und Andere um das Nachschenken.

Die Enten mit dem Rotkohl, so wie den Beilagen, schmeckten ausgezeichnet.
Stolz konnten wir sein!
Nacher, Abwaschen!

Die etwas abgespeckte weiße und braune Mousse au Chocolate wurde angerichtet mit Mangofrüchten und Puderzucker. Haben alle sehr genossen.
Für uns und unsere Gäste war es ein sehr gelungener Abend. Alle waren der Meinung, diesen Abend im nächsten Jahr zu wiederholen.

Nun mußten wir nur noch abwaschen und aufräumen. Ich hatte das Glück, dass ich von Gisi nach Hause gefahren wurde und konnte so entspannt bei einem weiteren Glas Wein den Abend noch einmal Revue passieren lassen.

16.2.2015 17.30
"Männerkochen"
Unser Menü:
Vorspeise: El Dorado
2. Vorspeise: Klassische Bruschetta
Suppe: Linsensuppe
Hauptspeise: Sauerkraut nach Elsässer Art

Nach einer kurzen Weihnachts und Winterpause trafen wir uns wieder, in unserer alten Wirkungsstätte.
Von unserem Chef hatten wir im Vorwege eine detaillierte Auflistung erhalten, wer mit wem und was kocht. Siehe unten.

So konnten vorab die Einkäufe besprochen werden.
Jürgen und ich waren für die Süßspeise zuständig.

Kochen	1. Vorspeise	2. Vorspeise	Suppe	Hauptg.	Süsspeise	backen
1. 16.2.15	Hans Hermann Jürgen M.	Jürgen M. Peter	Heinz Matthias Edgar	Bill	Heimo Jürgen R.	Hans + Hermann Jürgen M.
2.	Bill Peter	Edgar	Hermann Jürgen R.	Jürgen M. Heimo Hans	Heinz Matthias	Bill + Peter Edgar
3.	Jürgen M. Edgar	Heimo	Hans Matthias	Heinz Peter Jürgen R.	Bill Hermann	Jürgen M. + Edgar Heimo
4.	Matthias Heinz	Jürgen R.	Bill Heimo	Hermann Edgar Peter	Hans Jürgen M.	Matthias + Heinz Jürgen R.
5.	Jürgen R. Heimo	Matthias	Edgar Hermann	Jürgen M. Heinz Heimo	Peter ~~Heinz~~ Bill	Matthias Jürgen + Heimo

Wie immer war unser Chefkoch schon vor Ort. Nach einem kurzen Plausch wurden uns die Arbeitsplätze zugewiesen.

Da Jürgen und ich erst mit der Süßspeise dran waren, standen wir die ersten Minuten ziemlich langweilig rum.
Aber wir kamen noch richtig in Schwung.

El Dorado
Dorade auf Feldsalat mit Balsamico-Dressing

Hermann hatte wie immer sehr gut eingekauft. Die Doraden sahen sehr frisch aus, so im Ganzen mit Kopf und Allem.

Ein Tipp: Die Fische vom Fischmann filetieren lassen. Denn mit dem Grätenzupfen hat man noch genug zu tun.

Reiner ging mit sehr großen Messern den Doraden zu Leibe.
Am Ende blieben nur die Filets über, mit denen sich Peter und Hermann beschäftigen konnten.
Aus den entgräteten Filets werden 12 Kleinere Stücke geschnitten.

Mit dem Balsamico, dem Limettensaft und dem Honig ein Dressing herstellen. Salzen und pfeffern.
Den Feldsalat u.U. waschen und die Stengel abzupfen.
Avocados in kleine Stücke schneiden.(Auf Seite 27 habe ich beschrieben, wie man eine Avocado in kleine Stücke schneidet.)
Den Feldsalat mit den Avocadostücken und dem Dressing gut durchmischen.
Da Reiner nicht mit ansehen konnte, wie Jürgen und ich uns langweilten, sollten wir doch bitte schnell eine Soße Bernaise zu der Vorspeise herstellen. Mit der Süßspeise anzufangen hätte ja noch Zeit.
Aus war es mit der Ruhe. 6 Eigelb mit etwas Wasser in eine Schüssel, Butter langsam flüssig machen, Zwiebeln hacken, mit Weisweinessig und Estragon aufkochen.
Die Eier im Wasserbad aufschlagen, der Kochbruder gibt ganz langsam die Butter, ohne die Molke, dazu. Zwischendurch den Weißweinessig-Zwiebel-Estragon-Sud mit unterschlagen, mit Zitrone, Pfeffer und Salz abschmecken.
Die gebraten Filets werden mit der Hautseite nach oben auf dem Feldsalat angerichtet, am Rand ein Klacks Soße Bernaise.
Kleine Tomaten und Oliven mit den Zahnstochern aufspießen und in die Filets stecken. Servieren. Sieht toll aus und schmeckt gut.

Bruschetta klassisch

Jürgen M. war sehr fleißig und hatte leckeres Bruschetta (klassisch) zubereitet.

Die Zubereitung ist eigentlich recht einfach. Die meiste Arbeit macht das Kleinschneiden der Tomaten, welche ohne Kerne geschnippelt werden. Knoblauch wird wirklich ganz klein gehackt. Eine ordentliche Menge Basilikum hacken und Alles gut durchmengen, Öl dazu und mit Salz und Pfeffer abschmecken.

Ganz wichtig ist ein mildes, gutes natives Olivenöl. Die Ciabattascheiben leicht in der Pfanne anrösten, nicht zu braun werden lassen. Bruschetta schmeckt am besten auf noch warmen Ciabatta.

Linsensuppe

Wir alle kennen Linsensuppe, klassisch, aber so haben wir noch keine Linsensuppe gegessen.

Unser Kochbruder Peter hatte die Linsen schon am Vortage zu Hause eingeweicht.

In einem Topf werden die Schalotten und Knoblauch angeschwitzt, die Linsen dazugegeben und mit Gemüsebrühe aufgefüllt. Ingwer in große Stücke schneiden und mit kochen lassen.

Wenn die Linsen schön weich sind, die Ingwerstücke heraus nehmen und die Suppe mit einem Stabmixer pürieren.

Anschließend wird die Suppe noch durch ein Sieb passiert um alle festen Bestandteile zu entfernen. Sahne und Creme Fraiche zufügen mit Salz, Pfeffer und mit Essig abschmecken.

Wichtig: Ist die Suppe zu dickflüssig, Gemüsebrühe dazu geben.

Toastbrot vorher in kleine Stücke schneiden und in Olivenöl anrösten.

Suppe mit einem Klacks Creme Fraiche und den Croutons servieren.

Die Suppe schmeckt super.

Sauerkraut nach Elsässer Art

Sauerkraut ist eigentlich nicht so mein Fall. Ich muss aber sagen, dass den Köchen das Kraut sehr gut gelungen ist.
Reiner war auch ständig dabei, den Ausführenden auf die Finger zu sehen.
Wie in der Einkaufsliste beschrieben, würden Elsässer wohl kein Kraut aus der Dose verwenden.
Die Herstellung ist nicht so schwer, wie die Zutaten in der Einkaufsliste es erscheinen lässt.
Ich glaube Bill hatte am meistens Spaß, beim Schälen der 30 kleinen Kartoffeln.
Die Zwiebeln mit dem Knoblauch wurden im Gänseschmalz angeschwitzt, dann wird das Sauerkraut dazugegeben.
Wachholderbeeren, Lorbeerblätter, Nelken, weiße Pfefferkörner und der Riesling dazu. Oben drauf den Räucherspeck. Alles ca. 1,5-2 Std. köcheln lassen.
Die Nürnberger Würstchen nicht zu früh braten, da sie sonst trocken werden oder verbrennen.

Auf den Tellern: In der Mitte das Sauerkraut mit jeweils 2 Würstchen darauf und ein Stück in Scheiben geschnittenen Speck. Am Rand die Kartoffeln und ein Klacks Dijon-Senf.
Ein sehr rustikales Winteressen. Schmeckte hervorragend.
Wir waren schon alle nach der Linsensuppe ziemlich gesättigt!

Wir sollten die Portionen vielleicht doch halbieren, sonst müssen wir jeden Tag 36 Löcher Golf spielen.
Oder nach dem Kochabend
10 km laufen.

Warme Schokoladenküchlein

Endlich konnten Jürgen und ich unser Können unter Beweis stellen und mit der Süßspeise beginnen. Im Vorwege gesagt, sie ist uns gut gelungen. Obwohl wir beide nicht die großen Bäcker sind.

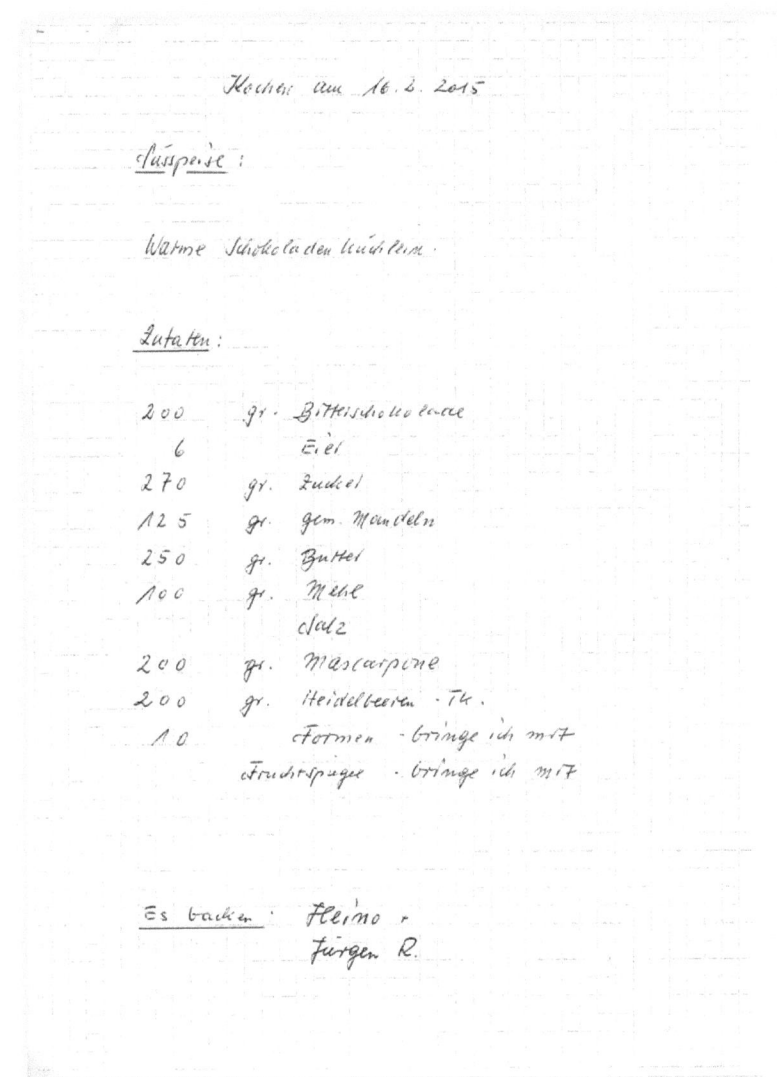

Die Schokolade wird im Wasserbad aufgelöst. Eier mit dem Zucker schaumig schlagen, die Schokoladenmasse dazugeben, gut durchschlagen. In die Masse das Mehl, gem. Mandeln und Butter geben. Alles gut verrühren. Die Formen mit Butter ausreiben und halb mit dem Schokoladenteig füllen. In den mit 150° C vorgeheizten Ofen ca. 20 min. backen. Während dessen die aufgetauten Heidelbeeren mit dem Mascarpone verrühren und als "Spiegel" auf die Dessertteller geben. Die noch warmen Schokoladenküchlein aus den Formen nehmen und auf den "Spiegel" legen. Es ist ein wunderbares Dessert, aber schon sehr mächtig.

Bei der Speisenfolge sollte man darauf achten, dass die vorhergehenden Gerichte nicht so besonders sättigend sind. Neu ist bei unseren Männerkochabenden, dass wir immer einen Kuchen für Zuhause backen.

Wohl um unseren Partnerinnen zu zeigen, dass können wir auch! Oder um uns alle zu beschäftigen, damit nicht 3 oder 4 Köche eine Vorspeise zubereiten.
So sind wir alle 11 Köche mit 6 Speisen oder Backwerk beschäftigt.

Wir haben noch einen Neuzugang in unserer Kochtruppe. Joachim, er kam pünktlich zum Hauptgericht.

Die Straßen seien wieder sehr voll gewesen.

Sckoko-Muffins
für Zuhause

Jürgen M. hatte heute die ehrenvolle Aufgabe für Zuhause zu backen. Damit war das nächste Kaffeekränzchen zu Hause gesichert.

Bei Wikipedia stehen interessante Dinge über Muffins. Englische und Amerikanische usw..
Jürgen hat amerikanische Muffins gebacken.

> Kochen am 16.2.2015
>
> **Backen:**
> 12 Schoko Muffins - für Zuhause
>
> **Zutaten:**
> - 200 gr. Butter
> - 200 gr. Zucker
> - 2 Pck. Vanillin Zucker
> - Salz
> - 4 Eier
> - 400 gr. Mehl 405
> - 2 TL Backpulver
> - 200 ml Milch
> - Rum-Rosinen - bringe ich mit
> - Muffin-Form ist vorhanden
> - 50 gr. Butter
> - 100 gr. Bitterschokolade
> - 2 Pck. Oetker Finesse (Orangenfrucht)
>
> **Es backen:** Hans
> Hermann
> Jürgen M.

Jürgen meinte, die von Reiner mitgebrachten Rumrosinen seien eine "Granate". Beim Verkosten am nächsten Tag zu Hause, wussten wir was gemeint war. Minderjährige sollten von diesem Backwerk ferngehalten werden.

Die Bitterschokolade langsam auflösen und mit dem Zucker und der Butter verrühren. Mehl, Eier und Milch, so wie Backpulver Vanillenzucker und Salz zu einem Teig verarbeiten. Die Schoklademasse und Rumrosinen unterrühren. Den fertigen Teig in die Muffinformen geben und im vorgeheiztem Backofen bei ca. 180°C 25 min. backen.
Wir überlegen ob wir uns auch solche Muffinformen besorgen sollten, denn dieses Backwerk schmeckt wirlich gut.

23.2.2015 17.30
"Männerkochen"
Unser Menü:
Vorspeise: Blätterteigpasteten auf Geflügelragout
Zwischengang: Tomaten-Paprika-Bruschetta
Suppe: Schwarzwurzel-Cremesuppe
Hauptspeise: Schwarzwurzel-Curry
Süßspeise: Whiskycreme
Backen für Zuhause: Sandkuchen

Mit der Einteilung klappte es diesmal nicht so richtig. 3 Kochbrüder vielen aus. So musste improvisiert werden. D.h. Jürgen M. und Heinz waren alleine für ihre Produkte verantwortlich, was sie aber sehr gut gemeistert haben.

Blätterteigpasteten auf Geflügelragout

Womit verbindet man Blätterteigpasteten? In verschiedenen Hamburger Kaffeehäusern, wie Café Wirt, Kaul usw., wurden früher neben Kaffee und Kuchen, als kleine Speisen, Blätterteigpasteten, auch Königinpasteten genannt, angeboten. Eigentlich waren es aufgeweichte Blätterteigpasteten mit einer undefinierbaren Füllung. Meist mit einer Champignons-creme und etwas Hühnerklein versehene Speisen. Sie wurden erst durch die Zugabe von Worcestersoße genießbar. Das sind meine Erinnerungen an dieses Gericht. .

Meine Mutter und Schwiegermutter haben bei Familienfeiern auch diese Dinger serviert, aber mit einer selbstgemachten Füllung.

Ich habe die Herstellung nicht genau beobachten können, aber so schwer kann die Herstellung für Peter und Joachim nicht gewesen sein.

Aus der Butter und dem Mehl eine Schwitze herstellen und mit Geflügelbrühe aufgießen, klein geschnittene Champignons und TK-Erbsen dazu geben. Sahne und aufgeschlagene Eier unterrühren, mit Salz, Pfeffer etwas Weißwein sowie dem Zucker abschmecken. Die in kleine Stücke geschnittenen und ganz kurz angebratenen Hähnchenbrustfilets hinzu geben. Sollte das Ragout zu dünn sein mit Stärkemehl andicken.

Die Blätterteigpasteten mit dem Ragout füllen und ein Teil auf Teller um die Pasteten herum geben, mit Petersilie bestreuen und warm Servieren.

Ich muß gestehen, die "Dinger" schmeckten sehr gut.

Tomaten-Paprika-Bruschetta

Wir hatten das Gefühl, dass das heute nicht Edgars Tag war.
Das Bruschetta sollte eigentlich so zwischendurch gegessen werden, aber Edgar kam nicht in die Gänge.
Die Einkaufsliste hatte er, so glaube ich, auch nicht sehr aufmerksam gelesen.

Edgar suchte ständig etwas. Es hing sicherlich auch damit zusammen, dass irgendwelche wichtigen Leute der Schule in der Küche furchtbar aufgeräumt hatten.
Ganze Regale waren auf einmal gähnend leer, auch das von Jürgen's. Sohn gespendete Geschirr musste zum Teil daran glauben. Wir fanden das recht unfreundlich. Auch wir haben öfter Grundnahrungsmittel zurückgelassen. Zur weiteren Verwendung. Unser Chef wird sich darum kümmern. Zurück zur Bruschetta.

Edgar kam zu Jürgen M. und fragte nach Öl?! Da Jürgen den Braten gerochen hatte, fragte er, was Edgar mit Öl denn machen wolle.
Antwort: "Das Chiabatta-Brot in der Pfanne rösten".

Jürgen M: "Bist Du noch ganz bei Trost, dass Öl kostet € 15,- der 3/4 Liter. Für Dein Bruschetta ist das ok, aber nicht zum Braten."
Edgar zog etwas beleidigt ab.

Irgendwo fanden wir dann doch eine fast leere Flasche mit Pflanzenöl. Es schien zu reichen, denn wir bekamen irgendwann das Bruschetta.

Es war ok, aber sehr paprikalastig und gegrillt waren die Paprikafilets, wie in der Einkaufsliste vermerkt, auch nicht.
Aber egal. Edgar war auch alleine mit der Vorbereitung beschäftigt.

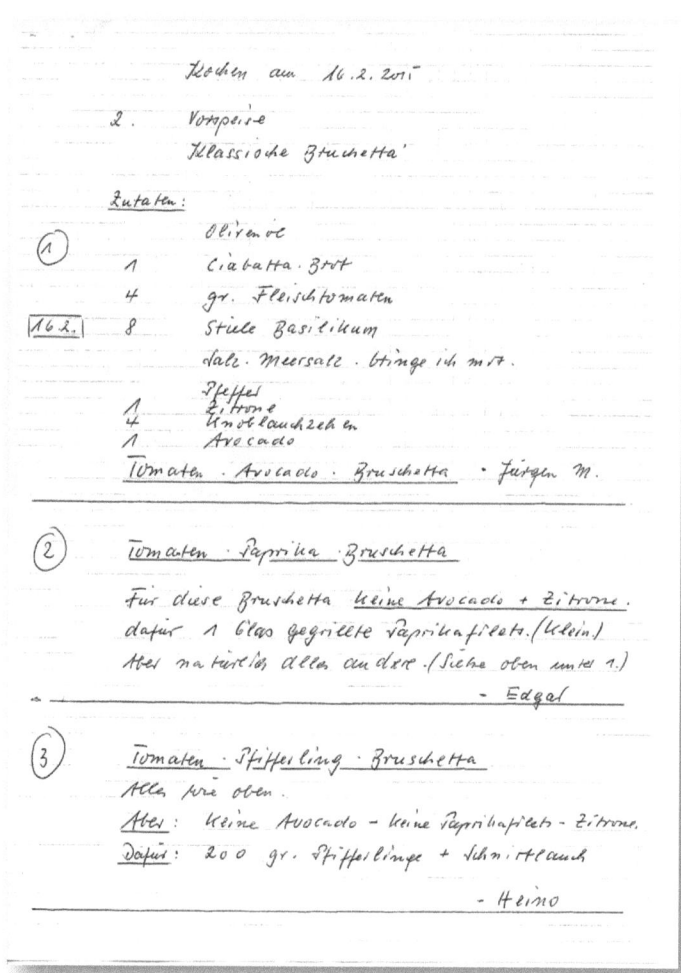

Schwarzwurzel-Cremesuppe

Als wir "Geesthachter" sehr pünktlich in der Küche eintrafen, war Hans schon sehr fleißig.
Er schälte Unmengen Schwarzwurzeln. Ich muss gestehen, dass ich noch nie Schwarzwurzeln verarbeitet habe. Es ist eine recht anstrengende Arbeit, da die Wurzeln sehr klebrig und färbend beim Schälen sind. Unbedingt Einmal-Handschuhe tragen.
Jürgen R. war recht froh darüber, dass ihm diese Arbeit abgenommen wurde, zumal er alleine mit dem Kochen der Suppe beschäftigt war.

Mit dem Kochen dieser Suppe selbst war Jürgen sicherlich nicht überfordert.

Die geschälten und in Stücke geschnittenen Schwarzwurzeln und Kartoffeln mit der Gemüsebrühe gar kochen. Geschälte und klein geschnittene Ingwerstücke, Knoblauchzehen, so wie Lorbeerblätter mit kochen.
Mit dem Stabmixer alles gut pürieren. Die Ingwerstücke vorher aus der Suppe fischen. Milch und Sahne zugeben. Mit Salz, Pfeffer und Zitrone abschmecken, Vanillemark unterrühren. Auf die Konsistenz der Suppe achten, nicht zu dick werden lassen, sonst ist unser Chef nicht zufrieden.
Ich muss sagen, die Suppe schmeckte uns allen sehr gut.

Früher sagte man zu den Wurzeln, "armer Leute Spargel". Mit ein wenig Phantasie schmeckt die Suppe ein klein wenig nach Spargeln.

Schwarzwurzel-Curry

Handschriftliche Notiz:

Kochen am 28.2.2015

Hauptspeise:

Schwarz-Wurzel-Curry (auch Winterspargel genannt)

Zutaten:

- 2 Stangen Lauch
- 3 Möhren
- 1000 gr. Schwarzwurzeln
- Olivenöl
- 3 Ingwer kleine Stücke
- 3 Knoblauchzehen
- Currypulver
- 800 ml Kokosmilch
- 1 Limette
- 1 Salz
- Pfeffer
- 3-4 Tassen Basmatireis
- Safranfäden - bringe ich mit ***
- 600 gr. Hähnchenbrustfilets
- Instant-Gemüsebrühe · ist vorhanden ***
- 1 Becher Sahne

Es kochen:

Den Lauch putzen, und nur das Helle in dünne Streifen schneiden. Möhren in Streifen schneiden.

Öl in einem Topf erhitzen. Lauch, Möhren und Schwarzwurzeln darin anschwitzen, mit der Gemüsebrühe ablöschen. Ingwer, Knoblauchzehen und Currypulver dazu geben und gut weiter rühren und Kokosmilch dazu. Weiter köcheln lassen, bis die Schwarzwurzeln durch sind, aber noch Biss haben (ca. 8-10 Minuten) je nach Dicke der Stangen einfach ab und zu mit dem Küchenmesser probieren. Den Ingwer und die Knoblauchzehen rausfischen .Anschließend die Sahne dazu geben Die Konsistenz sollte cremig sein. Mit Salz, Pfeffer und Limone abschmecken.

In der Zwischenzeit hat der andere Kochbruder den Basmatireis mit der etwa gleichen Menge Wasser aufgesetzt und darauf geachtet, dass der Reis nicht anbrennt bzw. das Wasser nicht verkocht. Reiner hat dann die kostbaren Safranfäden an den Reis gegeben.

Die Hähnchenbrustfilets im Ganzen braten, nicht zu lange, sonst werden sie trocken.
Zum Anrichten: Eine Portion Reis auf den Teller, Schwarzwurzel- Curry drum herum und die in Scheiben geschnittenen Hähnchenbrustfilets darauf legen.
Es schmeckte uns allen gut.

Whiskycreme

Um es vorweg zu sagen, Heinz war an diesem Abend mit der Süßspeise alleine beschäftigt. Reiner gab nur kurze Anweisungen. Also er war ohne Aufsicht!

Die Whiskycreme war ihm phantastisch gelungen, wobei wir uns nach dem Genuss der Selbigen fragten, sollte ich mich jetzt noch wirklich ans Steuer setzen! Für Jugendliche unter 18 verboten.

Wochen später. Heinz durfte zu Hause diese Nachspeise herstellen, aber da passte Uschi wohl auf, denn der Whisky wurde in homöopathischen Mengen verarbeitet, trotzdem, die Creme schmeckte ausgezeichnet, sie war auch für jüngere Jahrgänge geeignet. Irgendwie habe ich etwas vermisst.

Kochen am

Süßspeise:

Whiskycreme

Zutaten:

- 300 ml Whisky
- 8 Blatt w. Gelatine
- 6 Eier
- 100 gr. Zucker
- 500 ml Schlagsahne
- 1 kl. Flasche Kirschsirup (bringe ich mit)
- 12 Gläser

Hier das Rezept: Die Gelatine 10 Minuten in kaltem Wasser einweichen.
Die Eier trennen. Eigelbe und Zucker mit dem Quirl weißschaumig aufschlagen und dann den Whisky unterrühren.
Die Gelatine ausdrücken und mit 2 El heißem Wasser erhitzen und auflösen (darf nicht kochen!).
Unter die Eier-Whiskycreme rühren und diese im Kühlschrank halb fest werden lassen.
Die Eiweiße und dann die Sahne steif schlagen. Unter die Creme heben, in Gläser oder Förmchen füllen und mindestens 2 Stunden im Kühlschrank fest werden lassen. Ich glaube vorher wurde ein wenig Kirschsirup in das Glas gegeben, so dass es nicht nur gut schmeckte, sondern auch noch gut aussah.

Für Zuhause: Sandkuchen

Sandkuchen, dieser Kuchen erinnert mich an meine Kindheit bzw. Jugend im Elternhaus.
Meine Mutter hat diesen Kuchen sehr häufig für die sonntägliche Kaffee-Tafel gebacken und freute sich königlich, wenn der Kuchen innen nicht mehr feucht war.
Wir Kinder sagten immer "matschig" dazu, und uns gefiehl es sehr gut.
War er, nach der Meinung meiner Mutter, gut gelungen und damit innen ganz trocken, hatten wir immer das Gefühl, der Kuchen wird immer mehr im Mund.
Deshalb würde ich auch nie auf die Idee kommen diesen Kuchen zu backen.
Aber in dieser Runde finde ich es toll.
Wie schon gesagt. Reiner denkt, wir sollten irgendwas mit nach Hause bringen, um unseren Partnern mit Stolz, die Fortschritte unserer Koch und Backbemühungen zu präsentieren.

Kochen am 2015

Backen:

Sandkuchen für zuhause

Zutaten:

- 300 gr. Butter
- 3 Eier
- 250 gr. Zucker
- 1 Pä. Vanillezucker
- 1 EL Mehl
- 250 gr. Kartoffelmehl
- 1 Tl. Backpulver
- 1 Tüte Mandelblättchen
- 1 Kastenform

Das Besondere ist, wie aus der Zutatenliste ersichtlich, das Kartoffelmehl.

Ich habe gegoogelt, warum Kartoffelmehl? Vielleicht weil es glutenfrei ist? Darüber muß ich noch mit Reiner reden. Ansonsten war das Backen nicht so schwierig, denn Bill und Peter waren mit dem Ergebnis zufrieden.
Für das Rezept muß wieder einmal Chefkoch.de herhalten, weil ich so mit mir und meiner Hauptspeise beschäftigt war, dass ich nicht bei der Herstellung zusehen konnte. Oder die beiden im nach hinein zu fragen?

Die Eier mit dem Zucker und dem Vanillezucker schaumig schlagen. Das Kartoffelmehl mit dem Mehl und dem Backpulver vermengen und gut verkneten. Die Butter aufkochen und sofort unter den Teig ziehen.

Den Teig in eine gut gefettete Kastenform füllen und im vorgeheizten Backofen auf der mittleren Schiene bei 175° ca. 70 Minuten backen.

9.3..2015 17.30
"Männerkochen"
Unser Menü:
Vorspeise: Gegrillte Feigen
Suppe: Kichererbsensuppe
Hauptspeise: Forelle in Folie
Süßspeise: Feigensorbet

Es stellt sich eine gewisse Routine ein. Der Rot-bzw. Weißwein wird auf den Tisch gestellt. Einer verteilt Gläser und fragt nach den Wünschen. Rot oder Weiß? Auch wird über die letzte Golfrunde oder die bevorstehende Hauptversammlung im Club debattiert. Jeder findet schnell seinen Arbeitsplatz und beginnt mit den Vorbereitungen, nicht ohne sich vorher beim Nachbarn zu erkundigen, was der denn bewerkstelligen wolle. Um dann mit nachdenklicher Miene an die eigenen Kochkünste zu denken.

Gegrillte Feigen mit Ziegenkäse

Den Traubensaft und den Honig in einem Topf aufkochen, den Thymian hinzugeben. Die Soße sollte eine dickflüssige Konsistenz erhalten.
Den Frischkäse mit Pfeffer abschmecken.

Die Feigen vierteln und mit der Fleischseite grillen.

Die Soße auf die Teller geben. Auf die Feigen eine Portion Frischkäse geben und in die Soße legen.

Kichererbsensuppe

Erst einmal etwas Interessantes. Lt. Wikipedia sind Kichererbsen nicht mit den Erbsen verwandt! Sie sind eine Pflanzenart aus der Familie der Hülsenfrüchtler, Unterfamilie der Schmetterlingsblütler. Der lateinische Name der Pflanze lautet cicer, daraus entstanden das althochdeutsche kihhira und schließlich das heutige Kicher.
Wer hat es gewusst?

Jürgen M., unser Superkoch, hat wie immer schon sehr gut vorgearbeitet und die eingeweichten Kichererbsen mitgebracht.

Ich glaube Edgar war heute nur Statist. Das Suppenkochen haben wir bei Reiner sehr gut gelernt und fällt uns nicht besonders schwer.

Zwiebeln und Knoblauch mit etwas Ingwer in Olivenöl andünsten. Die Kichererbsen leicht mit andünsten und mit Gemüsebrühe aufkochen. Mit einem Stab pürieren. Sahne dazu und mit den Gewürzen wie Salz, Pfeffer, Muskat und Kreuzkümmel abschmecken. Ein paar Fäden oder Pulver Safran machen die Suppe interessanter. Mit Dill garnieren und heiß servieren.

Wir waren alle voll des Lobes.

Forelle in Folie

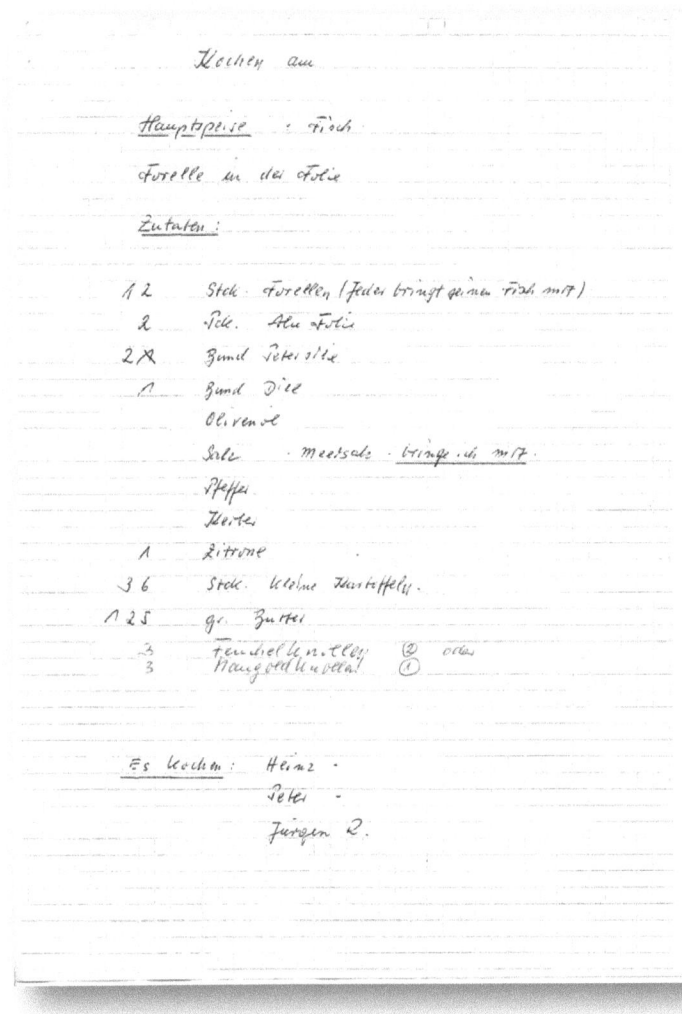

Forelle in Folie!
Jeder bringt seinen eigenen Fisch mit, siehe Rezept!

Ich hatte so meine Bedenken, ob wir die von Jürgen und mir besorgten Fische nach der Zubereitung auch wirklich als unsere Eigenen wieder erkennen würden.

Die Zubereitung ist eigentlich rel. einfach. Die vom Fischmann küchenfertig gekauften Fische, gründlich waschen und trocken tupfen. Große Stücke Alufolie (ca. 30x30 cm) mit Olivenöl bepinseln.

Die Forellen innen und außen gut salzen und pfeffern, mit Zitronensaft beträufeln, Dill zugeben. Die Alufolie über den Forellen zusammenfalten. Die Enden fest verschließen.

Die Päckchen nebeneinander auf ein Backblech legen. Die Forellen im vorgeheizten Backofen bei 220 Grad ca. 30 Min. backen. Die Forellen aus dem Backofen nehmen und servieren. Die Folie erst bei Tisch öffnen. In der Zwischenzeit hat irgendein Freiwilliger die 36 kleinen Kartoffeln gekocht und gepellt.

Mangold gründlich waschen, den weißen Strunk am Ansatz der grünen Blätter abschneiden und in Stücke von circa 1 cm Breite schneiden.
Die Blätter ebenfalls sehr grob schneiden. In kochendem Salzwasser erst die weißen Strunkstücke circa 3 Minuten kochen, dann die grünen Blätter dazu geben und weitere 3 Minuten garen.

Mangold abgießen und sehr kalt abspülen. Mit Kreppapier trocken tupfen. Mit Salz und Pfeffer gut würzen. Vor dem Servieren großzügig Olivenöl oder Butter dazugeben.

Der Duft beim Öffnen der Folie ist super. Die Forellen schmeckten toll, auch wenn wir nicht erkennen konnten, ob es jeweils unsere eigenen waren.

2.11.15 17.30
"Männerkochen"
Unser Menü:
Vorspeise: Gourmet Omelette mit Schinken
Hauptspeise   Pikante Snacks auf Blätterteig 1. Version
                       Pikante Snacks auf Blätterteig 2. Versio
Süßspeise :   Himbeersoufflé

Der Sommer ist vorbei, der Herbst hat begonnen und damit auch unser Männerkochen!
Schon Tage vorher freuten wir uns auf diesen Abend.
Jürgen R., Heinz und ich trafen als erste am Ort der Küchenkünste ein.

Unser Chef Reiner war schon vor uns da und diskutierte mit der netten Dame von der Volkshochschule, warum man das schöne neue Geschirr, welches Jürgen Meyer im Frühjahr der VHS bzw. der Küche gespendet hatte, entsorgt hatte? Keiner wusste es.
Uns wurde ein Küchenschrank zugewiesen, in dem sich unsere Kochutensilien befanden(bzw. die der VHS), welcher verschlossen war. Nur dieses Equipment sollten wir benutzen. Bitte nicht mehr aus anderen Schränken irgendwelche Gerätschaften oder Lebensmittel verwenden.

Leider hatte die nette Dame der VHS den Schlüssel nicht dabei, aber der Hausmeister würde gleich kommen und das Problem lösen. Der nette Hausmeister kam dann auch, mit großer Werkzeugkiste und einen Moment später war unser Schrank offen
.
In diesem befanden sich neue Teller, Töpfe, Besteck (ganz furchtbares), Suppentassen und div. andere Koch-Utensilien.

Es stellte sich heraus, dass wir heute in kleiner Besetzung kochen würden. Einige unserer Kochbrüder befanden sich noch im Urlaub (einen solchen Abend darf man doch nicht verpassen).
Um es gleich vorweg zu sagen, heute Abend glänzten wir nicht mit großen Kochkünsten. Eigentlich wollte ich die Ergebnisse dieses Abends nicht weiter aufschreiben, sondern nur die Rezepte kommentarlos zeigen. Habe mir dann aber gedacht, warum nicht. Auch Sterneköche haben nicht immer gute Tage!

Der Grundgedanke dieser dritten Männerkochserie ist: Die Herstellung kleiner leckerer Speisen wie z. B. Tapas, Snacks, Antipasti usw.
Reiner hatte sich im Vorwege richtig viel Gedanken gemacht, um diese Anforderungen in die Tat umzusetzen.

Er hat dabei allerdings nicht mit uns gerechnet!

Gourmet Omelette mit Schinken

Jürgen und ich meinten, so schwer kann diese Aufgabe ja nicht sein.
Da Gisi und ich vor kurzem in Spanien waren und fast jeden Morgen ein Omelette verspeisten, konnte ich mir vorstellen, wie ein solches Produkt auszusehen hat.
Die Herstellung ist ganz einfach. Tomaten häuten, Innenleben entfernen und den Rest in kleine Stücke schneiden, Petersilie hacken und den Schnittlauch in kleine Röllchen schneiden. Ebenso den Schinken klein schneiden.
Den Schinken mit etwas Öl in zwei Pfannen leicht bräunen.
Die Tomatenstücke und die Petersilie mit dem Schnittlauch in einer Pfanne oder Topf warm werden lassen, anschließend die Flüssigkeit abgießen. Ein ganz klein wenig Knoblauch kann auch dazu gegeben werden. Pfeffern und salzen.
Die sechs Eier mit ein wenig Sahne verquirlen(darauf achten, dass nicht ein Kochbruder sich ein Ei leiht, weil er vergessen hat sich selber eins mit zubringen), leicht salzen und über den Schinken in die Pfannen geben. Die Pfannen leicht schwenken, damit der Teig gleichmäßig stockt. Ist die Masse fest, in gleichmäße Teile schneiden und auf die Teller geben. Die Tomatenwürfel daneben anrichten und servieren.
So sollte es unter normalen Umständen klappen.
Bei uns ging es so los: Eine Pfanne war beschichtet, die andere nicht! Eine Herdplatte heizte gut, die andere nicht (die Küche habe ich ja einige Seiten vorher schon beschrieben!)
Es gestaltete sich so, dass in der beschichteten Pfanne das Omelette sehr schnell fest wurde und das in der anderen lange flüssig blieb und dafür festklebte und anbrannte. Auch das Verschieben der Pfannen auf andere Herdplatten brachte keinen Erfolg.

Einige von uns bekamen schöne Omelette-Stücke, die anderen ein Gemisch aus Omelette und Rührei.
Mit einem Glas Weißwein schmeckte es uns trotzdem. Den mitgebrachten Rotwein konnten wir leider nicht genießen, er hatte einen Korken und wir konnten in den gesamten Schränken (trotz Verbot) keinen Korkenzieher finden. Ist eben eine Schulküche, die „lieben Kleinen" trinken eben noch keinen Wein. Irgendeiner hat die Aufgabe zum nächsten Kochabend einen Korkenzieher mit zubringen.

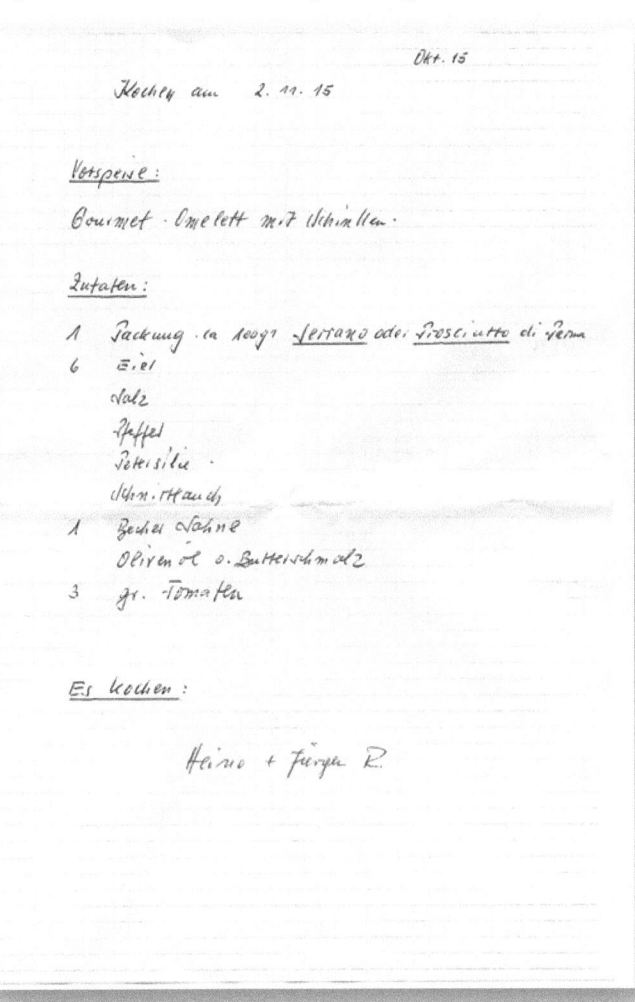

Pikante Snacks auf Blätterteig 1. Version

Uns gegenüber Kochten Jürgen M. und Heinz, pikante Snacks auf Blätterteig.

Wir sahen wie Heinz die Champignons in kleine Teile schnitt und den Spargel in kleine Stücke.

Die Champignons mit den Spargelstücken in der Pfanne leicht bräunen. Nicht zu lange! Zu beschreiben, wie der TK-Blätterteig für das Gericht vorbereitet wurde, ist garnicht einfach, aber ich versuche es einmal.

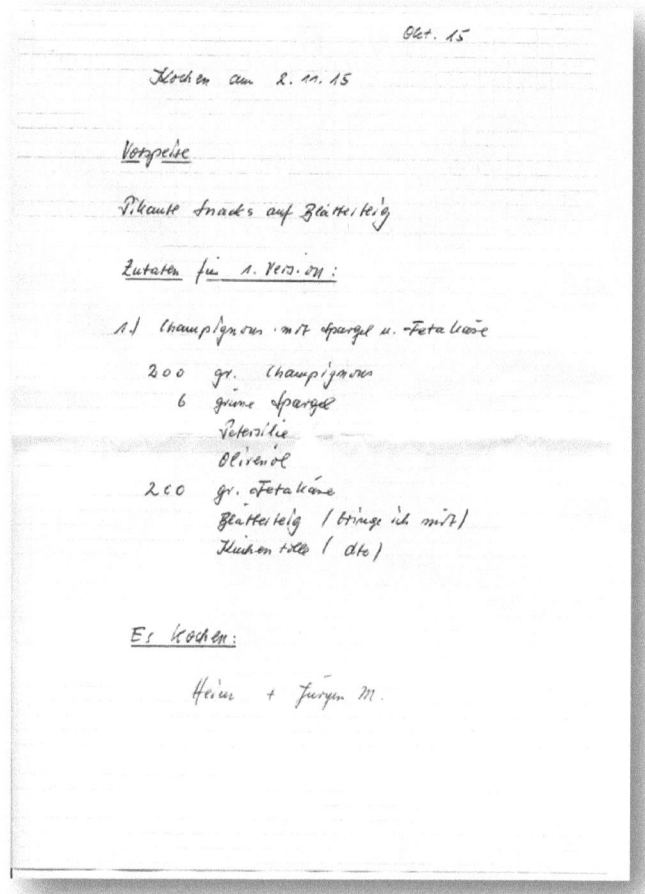

Aus dem Blätterteig wurden Quadrate ausgeschnitten 6-8 cm und ein Rand v. ca. 1-2cm darauf gelegt. Mit Eiweiß bestrichen. Es sieht aus wie ein Bilderrahmen. Darauf die Spargel- Champignonmischung mit Fetakäsestücken.
Die Stücke in den Backofen und so lange backen bis der Blätterteig braun wird.
Nun muss zur Entschuldigung von Heinz und Jürgen gesagt werden, dass die Backöfen eigentlich zum Backen nicht mehr taugen.
Ein Teil war fast zu braun, der andere noch roh.
Von den Spargelstücken war gar nichts mehr zu erkennen, geschweige zu schmecken. Die Champignons waren zu kleinen Stücken geschrumpft.
Mein Vorschlag wäre die Blätterteigteile backen und anschließend die leckere Spargel- Champignonmischung darauf geben, danach kurz überbacken. Wir haben das bei der Verköstigung diskutiert, sind aber zu keinem Ergebnis gekommen.
Unser Chef machte kurzzeitig ein besorgtes Gesicht, er dachte sicher, „schlimmer kann es nicht mehr kommen"!

Wie man sich täuschen kann!

Pikante Snacks auf Blätterteig 2. Version

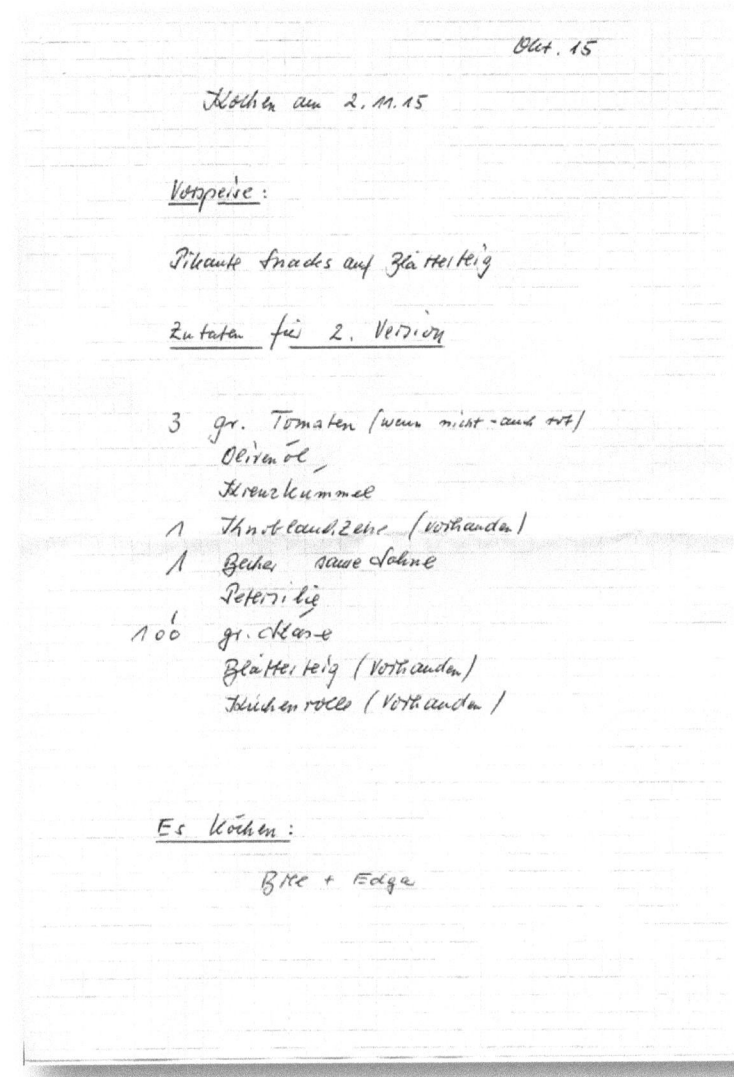

Edgar und Bill hatten die Aufgabe, die zweite Version dieser Vorspeise herzustellen.

Wir mussten sagen es war ihnen gelungen!
Vielleicht war der Belag nicht so saftig oder der Backofen hatte eine bessere Hitzeverteilung.

Die Zubereitung ist eigentlich die Gleiche, wie die erste Version.
Die Tomaten werden gewürfelt, Knoblauch klein hacken und alles gut vermengen. Salzen und pfeffern. In der Pfanne warm werden lassen und die Sahne hinzu fügen.

Die Masse auf die Blätterteigteile verteilen und in den Ofen schieben. Backen wie vorher beschrieben.

Beim Verspeisen des Snacks diskutierten wir, wofür diese Speise am besten geeignet ist?

Ich glaube, als Fingerfood zu Beginn einer Feier oder zu einem Empfang sind diese Snacks gut geeignet. Sie sollten dann aber recht klein sein.

Himbeersoufflé

Als wir unser Kochstudio betraten, sahen wir, dass Reiner die tiefgefrorenen Himbeeren für die Süßspeise zum Auftauen schon in eine Schüssel gegeben hatte. Soweit so gut!

Jetzt sah unser Chef in die Runde, bzw. er sah Heinz, Edgar und Jürgen R. fragend an? Wo denn nun die restlichen Zutaten für das Soufflé wären? Die Drei machten einen ziemlich verwunderten Gesichtsausdruck. Nach dem Motto wieso ich, davon habe ich nichts gewusst!
Aber Reiner wäre nicht unser Chef, wenn er nicht sofort Plan „B" parat hätte.

Die inzwischen aufgetauten Himbeeren wurden mit viel Zucker eingekocht und durch ein Sieb gestrichen. Irgendwoher trieb Reiner eine Packung Schlagsahne auf. Trotz Verbot, sich an andere Lebensmittel zu vergreifen!
„Dann gibt es eben Himbeermarmelade mit Schlagsahne" und Heinz bekam die Aufgabe die Sahne zu schlagen. Das war ein Fehler!
Nach kurzer Zeit der Ausruf „ hier stimmt was nicht"! Jetzt hatten wir Butter statt Schlagsahne und immer noch kein noch Dessert.

Reiner unverdrossen, „da muss noch Eis im Gefrierschrank sein"! Tatsächlich fanden wir im Gefrierschrank eine Packung Vanilleeis. Wie macht er bloß den Leuten von der Schule das klar?

Unser Dessert: Vanilleeis auf einem Spiegel von Himbeerschaum! Hört sich besser an!

Hier die Einkaufsliste: Für das Himbeer – Soufflé
Hätte sicherlich auch gut geschmeckt.
Reiner drohte, das wiederholen wir!

Auf dem Nachhauseweg sinnierten wir noch über den vergangenen Kochabend.
"Wie konnte das passieren"?

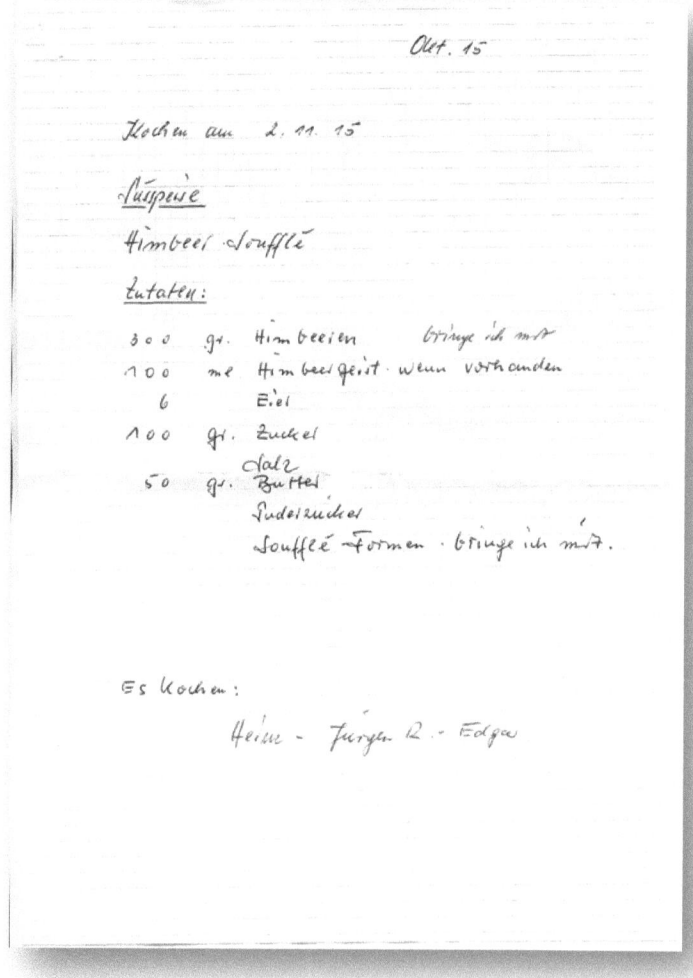

9.11.15
"Männerkochen"
Unser heutiges Menü:
Vorspeise: Rösti von rohen Kartoffeln mit Lauchgemüse und Ziegenkäse überbacken.
Hauptgericht: Käse – Kräuter – Soufflés´ mit gebratenen Pilzen
Süßspeise: Marinierte Beeren mit Zimt- Zabaione

Nach dem letzten Kochabend haben wir uns sicherlich alle im Stillen vorgenommen, heute wird alles besser, (es war sogar ein Flaschenöffner für den Rotwein vorhanden.)
Die Truppe war immer noch nicht vollzählig angetreten.
Auch ich kam etwas später an den Tatort und freute mich darüber, dass Heinz und Edgar schon das Gemüse geschnippelt und die Kartoffeln gerieben hatten.
Edgar meinte es ging auch ohne Blutvergießen, wobei er auf die grobe Reibe zeigte.

Rösti von rohen Kartoffeln mit Lauchgemüse und Ziegenkäse überbacken.

Unter die geriebenen Kartoffeln die gehackten Schalotten und zwei Eigelbe geben, reichlich Salz und Pfeffer, alles gut verrühren.
Etwas Öl oder Butterschmalz in zwei große Pfannen geben und heiß werden lassen, danach von dem Teig jeweils drei Portionen in die Pfannen geben und flach drücken.
Sind die Rösti schön braun, in den vorgeheizten Backofen auf ein Backblech legen.

Von dem vorher gedünsteten Lauchgemüse, mit den Zwiebeln und Knoblauch, sowie der Sahne, wird jeweils ein Klacks auf die Rösti gegeben. Ein wenig geriebener Käse darüber, ein weiteres Rösti oben drauf und wieder mit Käse bestreuen.

Kurze Zeit Backen, bis der Käse verlaufen ist, und servieren.(Wir hatten normalen geriebenen Käse, kein Ziegenkäse.)Es ist wirklich eine leckere Vorspeise, man sollte die Rösti rel. klein herstellen, 5-6 cm Ø. Sind die Rösti größer, wird ein Hauptgericht daraus.
Rösti, oder wie man in Hamburg sagt "Kartoffelpuffer", einmal anders.
Uns schmeckten die Rösti mit der Füllung sehr gut.

Käse-Kräuter – Soufflés

Da Erwin und Hermann immer noch durch Abwesenheit glänzten, machten sich Jürgen M., Bill und Jürgen R. an die doch sehr anspruchsvolle und schwierige Aufgabe, das Hauptgericht herzustellen.

Das Einfachste waren sicherlich die gebratenen Pilze, in diesem Falle Champignons, zuzubereiten.
Ich versuche mal die Vorgehensweise zu rekonstruieren.

Kochen am 11.2015

Hauptgericht:

Käse-Kräuter-Soufflés mit gebratenen Pilzen

Zutaten für 8 Personen:

- 100 gr. Butter
- 60 gr. Mehl
- 200 ml Milch
- 300 gr. Ricotta
- 6 Eier
- Petersilie
- etwas Thymian u. Rosmarin
- Salz
- Pfeffer
- 2 Bch. Schlagsahne
- 1 Tüte Parmesan
- 300 gr. Pilze
- Soufflé Schalen (Ringe m.A.)
- Olivenöl

Es kochen: Erwin – Hermann – Bill

Milch, Butter aufkochen.
Mehl und die gehackten Kräuter, Ricotta dazugeben.
Salzen und pfeffern. Masse, ein wenig abkühlen lassen. Eigelbe einzeln unter die Masse rühren.

Eiweiß steif schlagen und unterheben. Die Masse in ausgebutterte Förmchen geben und in einen mit heißem Wasser gefüllten Bräter o.ä. stellen und in den Backofen geben.

Ca. 15 min Backen. Die Masse vorsichtig aus den Förmchen lösen und wieder auf das Backblech in den Ofen schieben. Mit der braunen Seite nach oben! Die einzelnen Stücke mit Sahne beträufeln und geriebenen Parmesan darüber sträuen.
Kurze Zeit backen, bis der Käse verlaufen ist.

Die Stücke einzeln auf die Teller geben, die gebratenen Champignons drum herum legen und servieren.
Der Geschmack und das Aussehen auf dem Teller rechtfertigen die aufwendige Herstellung.

Hier zur Info, lt. Wikipedia: Wichtig beim Schlagen des Eiweißes ist die ausreichende Luftzufuhr. Deshalb wird in vielen Küchen das mit einigen Tropfen Zitronensaft versetzte Eiweiß noch immer mit dem Schneebesen geschlagen. Noch besser ist Fruchtsäure. Doch das Wichtigste ist, dass das Eiweiß und Arbeitsgeschirr gekühlt sowie fett- und emulgatorfrei (Eigelb) sind. Die Zubereitung eines Soufflés erfordert zudem etwas Erfahrung und Geduld, denn das vorzeitige oder gar wiederholte Öffnen des Backofens, führt zu einem Zusammenfallen des Soufflés durch die eindringende Kaltluft, was zwar dem Geschmack nicht schadet, jedoch das Aussehen beeinträchtigt, während zugleich die gewünschte luftige Konsistenz völlig verlorengeht. Beim Servieren in Restaurants wird ein Soufflé deswegen oft unter einer Wärmehaube aufgetragen, die erst am Tisch entfernt wird.

So, jetzt wisst Ihr es.

Marinierte Beeren mit Zimt Zabaione

Heute waren unsere beiden Jürgen so richtig beschäftigt! Hauptspeise und Nachspeise zubereiten, ist schon eine große Herausforderung, welche sie sehr gut gelöst haben.

Beim Abwaschen habe ich sie aber auch nicht so oft gesehen!

Nun zur Herstellung der Zabaione.

Die aufgetauten Früchte werden mit Zucker und Himbeergeist mariniert.
Sahne, Zimt und den restlichen Eiern Zucker verrühren und bei milder Hitze im Wasserbad bis kurz vor dem Kochen zu einer dicken Creme aufschlagen. Mit Weißwein und dem Saft einer Limette abschmecken.

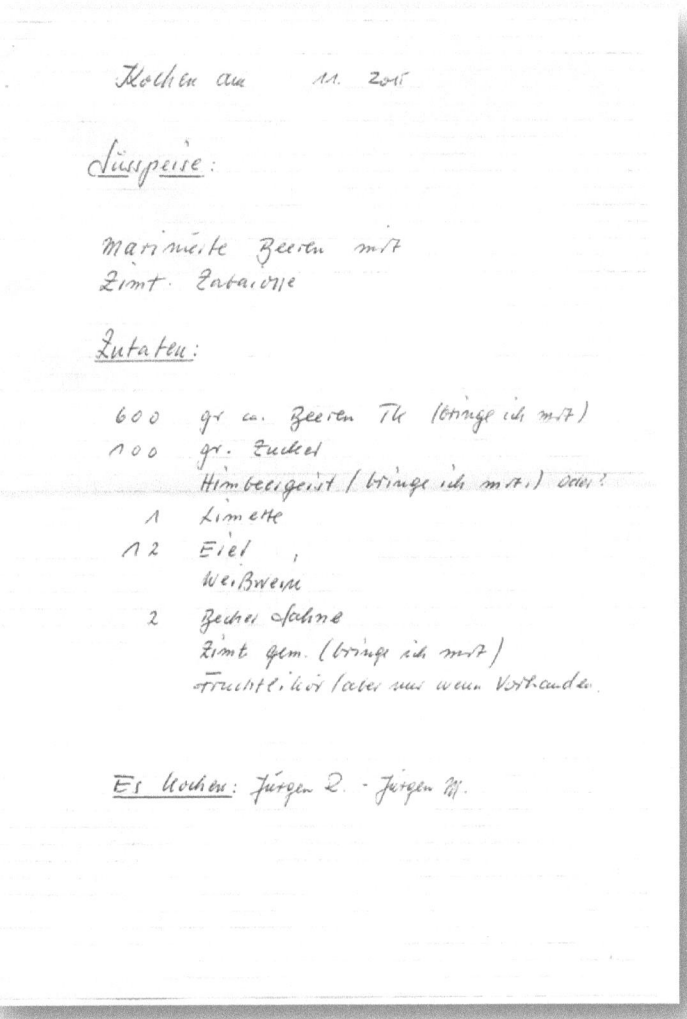

Die marinierten Beeren auf einen Teller geben, möglichst ohne Saft (hat nicht so gut geklappt), dann die Zabaione dazu anrichten.

Bei dieser leckeren Süßspeise lohnt sich der Aufwand der Zubereitung.

Mit den Ergebnissen unserer Kochkünste waren wir heute einigermaßen zu Frieden
.

Reiner sprach uns noch auf das zu erwartende Weihnachtsessen mit unseren Partnern an. "Wir sollten uns doch schon mal Gedanken machen". Einhellig kam der Ausruf:,,alles bloß keine Gans oder Ente"! Uns steckte der Stress vom letzten Weihnachtsessen noch in den Knochen.

Wir denken drüber nach!

16.11.15 Beginn 17.30

Als Heinz, Jürgen R. und ich 17.19 in unserer Superküche ankamen, waren schon alle, bis auf Bill, versammelt. Ich finde es gut, wenn die Kochbrüder es garnicht abwarten können ihre Kochkünste zu zeigen!

Erwin stellte sich als „Neuer" vor, wobei er nur bei zweien von uns ein „Unbekannter" war.

Die heutige Speisenfolge gestaltet sich doch umfangreicher als an den vorherigen Abenden. Aber wie heißt es doch, man wächst mit seinen Aufgaben.

Unser heutiges Menü:
Vorspeise: Gourmet Salat
Suppe :   Leichte Hühnersuppe
Hauptgericht: Hühnerbrust auf Wirsing
Dessert: Himbeersoufflé   2. Versuch

Gourmet Salat

Unsere beiden Langzeiturlauber, Hermann und Erwin waren für die Vorspeise verantwortlich.

Warum Gourmetsalat?
Es war wirklich ein Gourmet-Salat, auch wenn es aus der Einkaufsliste nicht sofort ersichtlich ist (abgepackter gem. Salat)!
Aus den Zutaten: Öl, Honig, Senf, Muskat, Ingwer, Salz und Pfeffer haben die Köche eine super Vinaigrette hergestellt.
Aufgepeppt wurde der Salat noch mit kleinen Avocadostücken, sowie in Öl mit ein wenig Knoblauch gebratenen Garnelenschwänzen.
Nicht zu vergessen der kross gebratene Bacon.

Das Baguette wurde leicht angeröstet.
Hübsch angerichtet war dies wirklich ein Gourmet-Salat und hat uns allen sehr gut geschmeckt.
Wir waren alle angetan von dieser Vorspeise.

Solch ein schöner Beginn beflügelt die Anderen, um zu Höchstleistungen aufzulaufen.

Leichte Hühnersuppe

Wir waren sehr erstaunt, als wir Anderen überpünklich in der Küche erschienen, sahen wir größere Mengen geputztes und klein geschnittenes Gemüse.

Auf dem Herd in einem großen Topf köchelte etwas vor sich hin.
Als Jürgen M. unsere erstaunten und fragenden Gesichter sah, meinte er, um die Suppe überhaupt einigermassen pünktlich fertig zu kriegen, sei er schon 16.30 „angetanzt".
Die Hähnchenteile mit dem Gemüse, wie Staudensellerie, Zwiebeln, Petersilienwurzeln und den Gewürzen aufzusetzen, ist ja schnell gemacht.
Aber das ganze Gemüse für die Einlage zu schnippeln, das hat schon Arbeit gemacht, es ist vor allen Dingen zeitintensiv.

Edgar hat es gefreut, dass fast schon alles fertig war, als er am Arbeitsplatz erschien!

Nach ca. 2.5 Std vorsichtig die Hähnchenkeulen aus der Brühe fischen und die Brühe dann durch ein Sieb gießen.

Das Fleisch von den Knochen lösen und in kleine Stücke schneiden zu dem Gemüse geben.

Das vorher gegarte, noch bissfeste Gemüse, auf die Teller anrichten die Brühe darüber und servieren.

Für die nächste Hühnersuppe, die ich zu Hause koche, werde ich dieses Rezept verwenden.

Gestandene Hausfrauen werden sagen, "dass haben wir immer so gemacht"!

Uns hat die Suppe super geschmeckt.

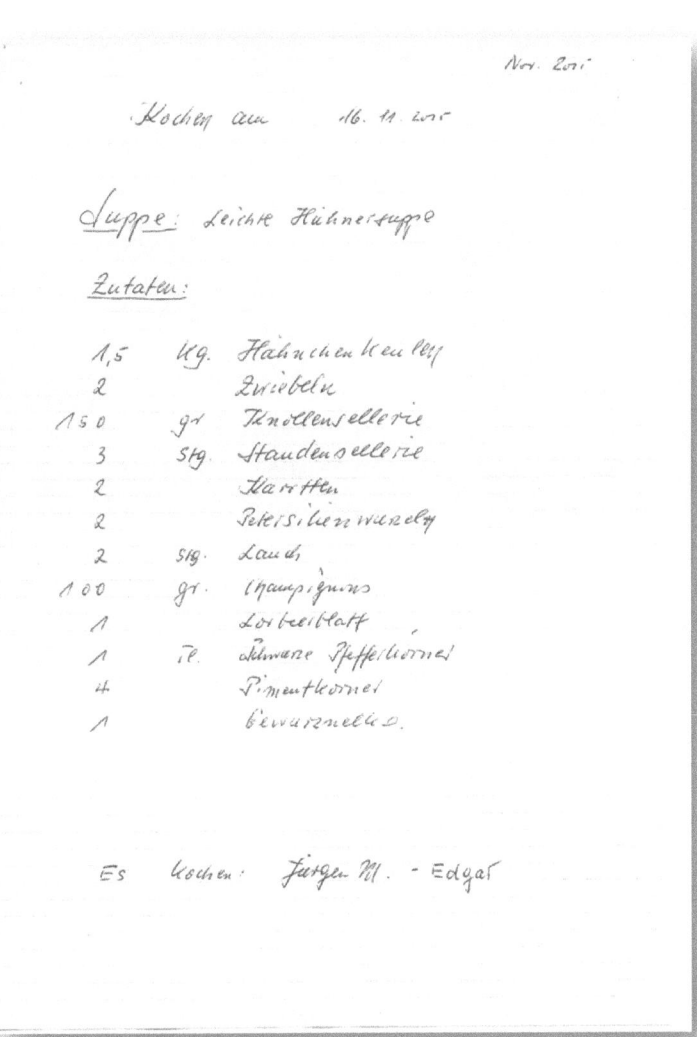

Hühnerbrust (Hähnchenbrust) auf Wirsing

Ich hatte heute die Aufgabe das Hauptgericht mit Bill zu fabrizieren!
Bill glänzte durch Abwesenheit, allerdings entschuldigt.

Na gut, dann habe ich eben die Truppe alleine eingeladen.

Also zuerst dem Kohlkopf die äußeren Blätter entfernen und dann durchschneiden.
Den Wirsing rel. klein schnippeln. Bei meinen früheren Versuchen habe ich den Kohl eigentlich grob gehackt. Unser Chef aber möchte, dass ich Ihn klein schneide. Im Nachhinein möchte ich mich bei meinen Kochbrüdern Jürgen M. und Jürgen R. bedanken, dass sie mir zur Hand gegangen sind.

Hauptsächlich den Berg Kartoffeln zu schälen und mich aufzumuntern, weil ich gestresst war. Unser Chef drängte zur Eile. In einem großen Topf die Zwiebeln mit dem Gänseschmalz, dem Knoblauch und Ingwer andünsten.
Anschließend den Kohl dazu und mit Gemüsebrühe aufgefüllt, dann köcheln lassen bis er weich ist.
Parallel sind die Kartoffel weich gekocht worden, gestampft und mit der Butter zu einem geschmeidigen Kartoffelpüree verrührt.

Der Wirsing wird mit Sahne, Butter und Muskat abgeschmeckt.
Jetzt kommt es!
Einen großen Teil des Wirsings habe ich unter das Kartoffelpüree gegeben.
Eine ganz neue interessante Variante, schmeckte super.

Aber ich kam so richtig in Stress, denn die Hähnchenbrüste wurden irgendwie nicht richtig braun (es lag sicher an dem Superherd).
Auf den Tellern wird eine kleine Portion Wirsing und Kartoffelpüree angerichtet, darauf die in Scheiben geschnittenen Hähnchenbrustfilets.

Diese außergewöhnliche Art der Zubereitung ist wirklich lecker.

Zwischen den einzelnen Gerichten, haben wir nochmals über das gemeinsame, mit unseren Partnern zu veranstaltende Weihnachtsessen gesprochen.
Ob wir uns denn schon Gedanken gemacht haben?
Haben wir, aber es ist noch nichts Konkretes dabei herausgekommen..

Himbeersoufflé   2. Versuch

Dieses Dessert wird unserem Chef sicherlich noch einige Zeit im Gedächtnis bleiben. Ich glaube sogar, Reiner wird diese Süßspeise aus seinem Rezeptgedächtnis streichen.
Reiner flüsterte mir ins Ohr, dass die bei ihm zu Hause aufgetauten Himbeeren, noch immer zu Hause wären und er schon bei EDEKA war und neue TK Himbeeren besorgt hätte.
Die waren allerdings noch nicht aufgetaut!
Heinz und Jürgen R. 2. Versuch.
Mit vollem Engagement gingen unsere Köche ans Werk.
Reiner stellte die Schüssel mit den noch gefrorenen Beeren auf den Heizkörper unter dem Fenster. Um ein herunterfallen Derselben zu verhindern, wurde ein klappbarer Wäscheständer mit Geschirrtüchern davor gestellt!

Mit großem Interesse verfolgten wir, wie unsere Köche die Eier trennten und die Eigelbe mit dem Zucker und dem Salz in einer Schüssel schaumig rührten.
Jürgen M. kam dabei dem Wäscheständer und damit den Beeren zu nahe.
Mit einem laut vernehmlichen Knall verteilten sich die Beeren auf dem Fußboden!

Man muss noch sagen, dass die Heizung nur ca. 5 cm tief ist!

Aber wir kennen unseren Reiner, mit einem Ausruf, " das macht nix, die können wir noch retten"!
Danach sah man Heinz jede Beere einzeln abwaschen. Die dann doch noch aufgetauten und zu verwenderen Beeren wurden mit Himbeergeist beträufelt und beiseite gestellt.

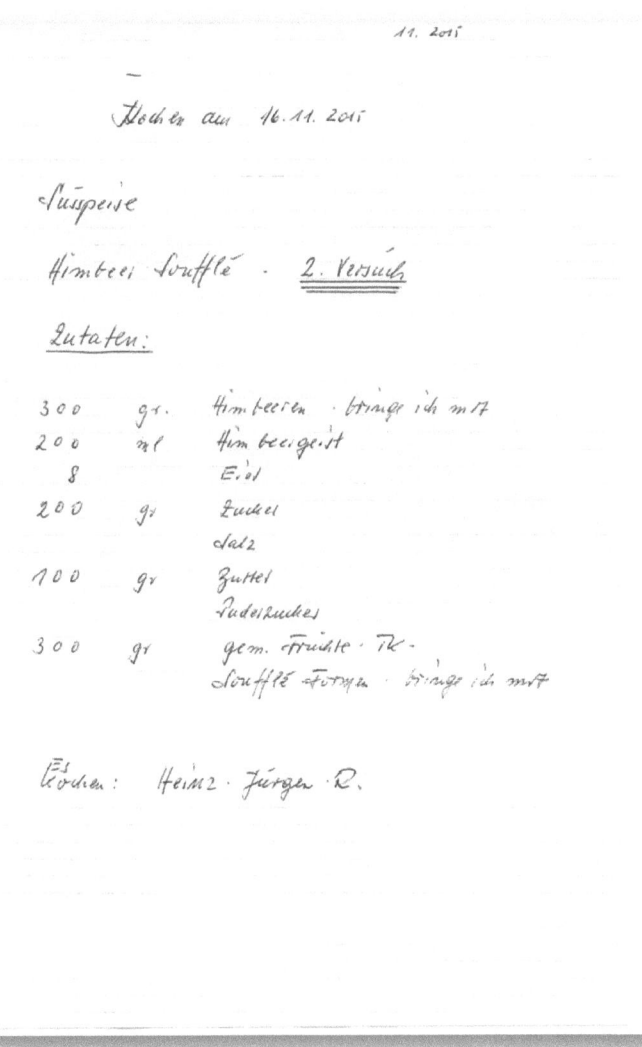

Die steifgeschlagenen Eiweiß unterheben und 2/3 der Masse in mit Butter ausgefetteten feuerfeste Förmchen einfüllen.
Dann die Himbeeren vorsichtig darüber verteilen und mit der restlichen Eimasse bedecken. 2 Bräter mit ein wenig Wasser füllen und die Förmchen in das Wasserbad stellen. In den vorgeheizten Backofen schieben und ca. 20 min. backen.
Vor dem Servieren mit Puderzucker bestäuben.

Wir haben diese Süßspeise mit viel Genuss und viel Bedacht gegessen. Kommentare wurden, glaube ich, kaum gemacht.

24.11.15 17.30
Es war einer der wenigen Abende, wo ich nicht sagen würde ,, wieder zu viel gegessen".

Die Vorspeise war als Übung für unser Galadinner mit Partnern gedacht. Edgar und Bill dafür zuständig, glänzten durch Abwesenheit (Entschuldigt).
Die Vorspeise wurde dadurch ersatzlos gestrichen. Schade.

Unser heutiges Menü:
Suppe :   Feine Sauerkrautsuppe
Hauptgericht: Entenbrust mit Kürbisflan
Dessert: Aachener Printenauflauf mit Apfel-Zimtschaum

Feine Sauerkrautsuppe

Mit der Herstellung waren Hermann und Jürgen R. beschäftigt. Sie haben ihre Sache gut gemacht.

Denn im Suppenkochen ist unsere Truppe in den vergangenen Monaten von unserem Chef gut geschult worden.

Äpfel und Kartoffeln schälen und kochen, Zwiebeln andünsten. Das Sauerkraut in einen Topf geben und mit der Instand-Brühe auffüllen. Wachholderbeeren, Lorbeerblätter, Ingwer und etwas Knoblauch dazu und alles aufkochen. Die weichgekochten Kartoffeln mit den Äpfeln zu dem Sauerkraut geben. Mit einem Stabmixer alles gut durcharbeiten. Die Sahne (Kochsahne) hinzufügen und mit Salz und Pfeffer gut abschmecken, kurz aufkochen lassen.
Der in Streifen geschnittene Schwarzwälder Schinken wird in Butter kross gebraten. Schnittlauch klein geschnitten. Beides auf die in Tellern aufgefüllte Suppe geben und servieren.

Einige von uns meinten, es sei eine „spannende" Art von Suppe. Da Sauerkraut nicht so mein Ding ist, habe ich nur den krossen Schinken genossen.

Entenbrust mit Kürbisflan

Als ich die die großen von Jürgen mitgebrachten Entenbrüste erblickte, da wusste ich, mein Hunger wird gestillt.

Erstens, weil 2 Köche fehlten und zweitens, es waren riesige Brüste.

Die Bezeichnung „Flan" habe ich schon einmal erklärt, aber noch mal: Ein Flan ist eine im Wasserbad gestockte Masse aus Eiern und Flüssigkeit.

Zur Entenbrust.

Mit einem Messer die Haut der Entenbrustfilets einritzen, dabei nur durch die Fettschicht, jedoch nicht durch das Fleisch schneiden, mit Salz und Pfeffer einreiben. Eine große Pfanne bei mittlerer Temperatur erhitzen. Die Entenbrustfilets mit der Hautseite nach unten in die Pfanne geben und anbraten, bis die Haut gebräunt ist und das Fett heraustritt.

Die Filets aus der Pfanne nehmen und das meiste Fett wegschütten. Die Entenfilets zurück in die Pfanne legen, diesmal mit der Hautseite nach oben braten. Aus der Pfanne nehmen und auf ein Backblech legen.

Es qualmte fürchterlich in der Küche, da es keine Abzugshauben o.ä. gibt, sondern nur die Fenster und die Tür zum Treppenhaus. Irgendwann geht bestimmt ein Rauchmelder los.

Die Filets in den Backofen schieben. Die große Kochkunst besteht nun darin, die Brüste innen zart rosa zu braten. Reiner meinte, dass fühlt man. Ok. Ich würde ein Bratenthermometer verwenden und bei ca.70° C die Filets aus dem Ofen nehmen und warm stellen.

Genauso wichtig ist die Herstellung der Soße. Den Entenfond in einen Topf geben, den Rotwein dazu. Alles reduzieren. Bitte nicht vergessen, die Butter wirklich kalt stellen. In die reduzierte Soße wird jetzt die Butter in kleinen Stücken untergeschlagen (montieren), bis die Soße die richtige Konsistenz hat. Wir haben die 250 g gebraucht! Mit Orangensaft, Salz und Pfeffer abschmecken und warmstellen, die Soße darf nicht mehr kochen.

Die Herstellung des Kürbisflan erinnert mich stark an die Zubereitung einer Kürbissuppe. Kürbis klein schneiden anschwitzen und mit ein wenig Wasser weich kochen, mit einem Stabmixer pürieren. Die Eier und die Sahne unterschlagen.

Das Ganze in eine Auflaufform o.Ä. geben und in einem Wasserbad garen.

Zum Anrichten portionsweise auf die Teller verteilen.

Die Entenbrustfilets aufschneiden und neben den Flan auf die Teller legen. Soße daneben und servieren.

Köstlich! Die Entenbrüste waren auf den Punkt gegart und saftig. Die Soße klasse und der Flan toll.

Ein Hoch auf die Köche. Wir wurden alle richtig satt.

Aachener Printenauflauf mit Apfel Zimt-Schaum

Heute ist eine Premiere, Erwin und ich kochen das erste Mal zusammen. Es hat uns Spaß gemacht.

Als Dessert für ein Weihnachtsmenü ist der Printenauflauf besonders geeignet. Eigentlich ist die Herstellung nicht besonders schwierig. Am einfachsten ist es die Schokolade im Wasserbad langsam zu schmelzen.

Die Eigelbe mit dem Zucker schaumig schlagen. Das Eiweiß sehr steif schlagen.

Butter und Eigelbe mit den gem. Mandeln unter die Schokolade heben. Lebkuchen oder Printengewürz zugeben.

Das Eiweiß wird jetzt unter die Masse gehoben. Die Förmchen mit Butter ausreiben und die Masse in die Förmchen füllen. Nicht ganz voll machen, denn sie gehen noch auf!

Darauf achten, dass alle Zutaten in die Schokomasse kommen, nicht so wie bei uns!
Als wir alle Förmchen voll hatten, fragten wir unseren Chef, wo denn bitte der Eischnee, den wir beiseite gestellt hatten, reinkommt?
Ein leicht verzweifelter Blick: „natürlich unter die Schokolade". Also alles wieder auskratzen und zusammenrühren, was zusammengehört.
Alles in die Förmchen und in einen mit Wasser gefüllten Bräter stellen, dann in den Backofen, ca.. 15 min bei 220°.
In der Zwischenzeit den Apfelsaft mit 8 Eigelbe und Zimtpulver in einem Wasserbad zu einer dicklich schaumigen Masse aufschlagen.
Am schwierigsten ist es den heißen Teig aus den Förmchen zu kriegen und auf die Teller anzurichten. Aber man wächst mit seinen Aufgaben.
Den Apfel-Zimt-Schaum um den Auflauf geben. Das Ganze vielleicht mit Puderzucker bestäuben.
Es schmeckte wirklich lecker nach Schokolade und nach Lebkuchen.
Wirklich etwas für die Weihnachtszeit.
Wir hatten noch einiges für unser gemeinsames Weihnachtsessen zu besprechen. Die mir übertragene Aufgabe. Eine Einlage für die Suppe. Das bereitet mir doch schon einiges Kopfzerbrechen.

Vorbereitung Weihnachtsessen

Nach unserer mittwöchentlichen Golfrunde gab mir Reiner noch einen zusätzlichen Einkaufszettel mit. Für die Einlage und zur Klärung der Rinderbouillon. Auf welchen div. Gemüsesorten aufgeführt waren, ganz einfach, wie unser Chef meinte.
Aber der Begriff „Rinderhesse" und davon 600 g, brachten mich doch etwas aus der Fassung.
Reiner meinte, mein Schlachter könnte damit etwas anzufangen. Aber das Ganze bitte gut durchgedreht!
Warum muss immer ich die komplizierten Aufgaben haben?
Zu Hause angekommen, sofort an den Computer und WIKIPEDIA aufgerufen:

Als Hesse oder Wade, österreichisch Wadschinken, werden Teile des Unterschenkels vom Rind und Kalb bezeichnet (letztere meist als Kalbshachse oder -haxe). Die zur Hinterkeule gehörende Hesse ist größer und hat einen höheren Fleischanteil als die Vorderkeule. Das Fleisch der Hesse ist lang-faserig und stark von Bindegewebe durchzogen – daher muss es lange geschmort oder gekocht werden, wird dann aber besonders aromatisch und zart. Die dabei freigesetzte Gelatine bindet zugleich die Garflüssigkeit. Rinderhesse wird meist als Beinscheibe (quer zum Knochen geschnitten) als hochwertiges Suppenfleisch angeboten, das noch den zentralen Röhrenknochen mit Knochenmark enthält. Ausgebeint ist vor allem das Fleisch der hinteren Wade für Rindsgulasch und andere Ragouts besonders geeignet. Die Hesse vom Kalb wird meist entweder im Ganzen gebraten (z. B. bayerische Kalbshaxe) oder als Beinscheibe geschmort (z. B. bei Ossobuco alla milanese). Klärfleisch ist ein Hilfsmittel zum Klären von Brühen und Fonds. Es besteht aus fettarmem, magerem Fleisch, welches reich an Proteinen ist. Zur Vorbereitung wird das Fleisch grob gewolft und mit Gemüse, Gewürzen und Eiklar vermengt. Zur Verlängerung des Klärvorgangs kühlt man die Masse durch die Zugabe von Eiswürfeln. Eine typische Fleischsorte ist Rinderhesse, welche die Anforderungen erfüllt. Für Gerichte aus Fisch nimmt man entsprechende Seefische.

Aber Hallo, das ist ja ganz einfach. Hoffentlich kennt sich unser Metzger bei Famila auch damit aus?
An der Fleischtheke habe ich so lange gewartet, bis ich den Metzger alleine sprechen konnte.
Ein sehr verständnisvoller Mann, der sofort wusste, was gemeint war. Er erklärte mir, dass wäre ein sehr alter Begriff und dann zeigte er mir ein Stück von der Fleischsorte, auch Beinscheibe genannt. Der Metzger versprach mir meine Bestellung für den genannten Tag selbst zu bearbeiten. Sehr erleichtert verließ ich den Markt.

4.12.15 14.30

Am Tag unseres Weihnachtsessens mit Partnern trafen wir alle schon recht früh in unserer Superküche ein. Von meiner Person kann ich sagen, dass ich im vergangenen Jahr aufgeregter war. Bei meinen Kochbrüdern verhielt es sich glaube ich, ebenso.

Noch eine kleine Episode vorweg:

Reiner, Heinz, Jürgen und ich verstauten gerade unsere Einkäufe, als eine Gruppe charmanter junger Damen die Küche betrat. Wir waren ganz erfreut, bekommen wir Hilfe? Eine der Damen, ich glaube es war eine Lehrerin, eröffnete uns, sie würden jetzt gerne mit ihren Kindern und deren Müttern mit der Adventsbäckerei beginnen.

Reiner: „Das können sie ja gerne machen, aber nicht in dieser Küche, die ist besetzt", Ich finde, er hätte auch gerne noch sagen können, mit Spitzenköchen.

Wir standen etwas ratlos herum, außer Reiner, der verteidigte seine Küche. (Fehlbuchungen usw.) Die charmanten Damen berieten sich kurz im Treppenhaus und meinten dann, es gibt noch eine andere Lösung. Ob sie sich noch einige Backutensilien aus den Schränken nehmen dürften? Wir halfen gerne.

Während unserer Vorbereitungen kam immer wieder die eine oder andere Dame vorbei und holte sich irgendwelche Dinge aus den Schränken unserer Küche. Ich glaube nicht, dass es nur Neugier war, uns beim Kochen zu beobachten. Oder?

Jürgen erzählte uns noch, dass seine ganze Wohnung nach Rinderbrühe riecht. 4 Stunden hätte er das Rindfleisch und die Knochen gekocht.
Wir haben ihn noch ein wenig bedauert, dann mussten wir uns aber sputen.
Unsere Menüfolge für den Abend

Vorspeise: Lachstatar auf Rösti
Suppe: Rinderbouillon mit Einlage
Hauptspeise: Lamm mit frischen Pilzen und Bohnen
Süßspeise: Bourbonvanille - Eis auf Himbeerspiegel mit Himbeermus

Noch einige Worte zu dem Programmablauf. Wie immer hat sich unser Chef im Vorwege Gedanken über den Ablauf des Abends gemacht.

Wie im Vorjahr bekam, jeder von uns eine Besorgungsliste. Denn wie im letzten Jahr wollten wir einen festlich gedeckten Tisch präsentieren.

Heinz brachte ausreichend Baguette mit und einen von Uschi zubereiteten Dipp, welcher uns bei einer kurzen Koch-Pause mit Rotwein richtig gut schmeckte.

87

An eine starre Einhaltung der Köche für die einzelnen Speisen konnten wir uns nicht halten. Da der Eine oder Andere noch mit Arbeit beschäftigt war und erst ein wenig später zu uns stoßen sollte. So mussten die Anwesenden auch artfremde Arbeiten übernehmen

Lachstatar auf Rösti

Das wirklich gute frische Lachsfilet entgräten und in ganz kleine Würfel schneiden. Das gleiche mit der Salatgurke, Schalotten und Radieschen (mir nahm man die Arbeit wieder weg, wg. zu großer Stücke).
Alles gut vermengen, Limettensaft dazu und alles mit Salz und Pfeffer abschmecken.
Die geriebenen Kartoffeln mit den Eiern gut vermengen, würzen und in kleinen Portionen in eine heiße Pfanne geben. Flach drücken und von beiden Seiten kross braten.

Was bei unseren Superherden gar nicht so leicht ist. Das Lachstatar mit einem Metallring auf die Rösti anrichten (danach wieder entfernen) Ein Klacks von der vorher mit Meerrettich gewürzten Cremefraiche darüber und sofort servieren.

Das Tatar ist sehr gut vorzubereiten und sollte auch einige Zeit marinieren. Die Rösti sollten frisch aus der Pfanne kommen.

Rinderkraftbrühe oder Rinderbouillon mit Eistich

Jürgen brachte die ca. 3-4 Stunden gekochte Rinderbrühe in einem großen Topf mit.
Die Brühe duftete hervorragend.

Wir wollten ja eine Bouillon herstellen mit Eierstich

Reiner mahnte mich an, endlich mit der Suppenklärung zu beginnen.
Die 600 g oben beschriebene Rinderhesse wurde mit sehr klein gehacktem Gemüse, wie Möhren, Porree und Zwiebeln und 6 Eiweiß sehr gut vermengt.

Die Mischung wird zur Brühe gegeben. Ganz wichtig, die Rinderbrühe muss kalt sein, wenn die Mischung dazu kommt! Auf kleiner Flamme langsam erhitzen. Nach Möglichkeit nicht zu stark kochen.
Nach ca. 1 1/2 Stunden wird das Fleisch aus der Brühe genommen und die Brühe nochmal durch ein Sieb mit einem Tuch gegossen, um die restlichen festen Stoffe heraus zu filtern.

Das Ergebnis hat uns alle erstaunt aus der trüben Rinderbrühe ist eine sehr klare, super schmeckende Bouillon geworden.
Einfach Klasse, ich glaube auch unser Chef war auch ein wenig stolz.

Eierstich, eigentlich ganz einfach. Die Eier mit etwas Brühe aufschlagen mit Salz und Muskat gut würzen. Alles in eine Auflaufform geben und in einem Wasserbad in den Ofen schieben.
ca. 30-40min stocken lassen.
Irgendwann hörte ich meinen Kochbruder Jürgen rufen: „Deinen Eierstich kannst du vergessen, der ist verbrannt"!
Mist, gerade heute. Warum meiner, unser!
Aber unser Chef beruhigte mich. Die obere dunkle Haut entfernen und gut. Tatsächlich, nachdem ich die Haut entfernt hatte, sah der Eierstich recht passabel aus.
In kleine Würfel geschnitten und portionsweise in die Suppentassen gegeben.

Lammkarree

Bei unserer Vorbesprechung bot sich Reiner an, das Fleisch zu besorgen. Er kenne einen sehr guten Metzger am Steindamm, welcher preiswert und gut ist.

So brauchte Heinz nur noch 80 kleine und möglichst gleich große Kartoffeln besorgen. Zusätzlich Pilze, grüne Bohnen (wurden noch zu Hause von Uschi bearbeitet).
Im Gegensatz zum Entenbraten wie im Vorjahr, wobei die Backöfen furchtbar zugerichtet wurden, ist diese Hauptspeise ein wahrer Spaß. Bis auf 80 kleine Kartoffeln pellen. Aber das haben Erwin und ich zügig geschafft, ohne Verbrennungen an den Händen.

Wie schon gesagt, wir haben uns gegenseitig geholfen.
Zur Herstellung.
Zuerst die Kartoffeln und sehr wichtig den Fond aufsetzen. Der muss reduziert werden. Die Bohnen mit reichlich Petersilie und Gemüsebrühe aufsetzen. Pilze in der Pfanne mit etwas Knoblauch und Butterschmalz leicht braten. Anschließend gut würzen. Kartoffeln werden geviertelt und mit viel Rosmarin, möglichst gleichmäßig braun gebraten.

Jürgen war damit beschäftigt, die weiße Haut und vorhandene Sehnen vom Lamm-Karree abzuziehen und evtl. noch vorhandene Fleischreste an den Rippenknochen sauber abschaben. Das hielt auf.

Das Fleisch würzen und leicht mit Knoblauch einreiben und gleichmäßig von allen Seiten anbraten.

In den Ofen ca. 10 min bei 220°. Der reduzierte Fond wurde mit reichlich kleinen, kalten Butterflocken eingedickt (montiert) und gewürzt.

Bourbon Vanille Eis auf Himbeerspiegel.

Die Arbeiten für die Süßspeise müssen als erstes beginnen!

Vollmilch und süße Sahne in einen ausreichend großen Topf geben. Die Vanilleschote öffnen, auskratzen und das Vanillemark mit in den Topf geben. Die ausgehöhlte Schote ebenfalls mit in die Flüssigkeit geben. Die Mischung auf ungefähr 90°C erhitzen, danach abkühlen lassen, die leere Schote entfernen.

In einer Rührschüssel die Eigelbe mit dem Zucker so lange cremig rühren, bis eine weißliche Creme entsteht und der Zucker weitgehend aufgelöst ist (kann 5 bis 10 Minuten dauern). Danach die etwas abgekühlte Milch-Sahne-Mischung unter Rühren dazugeben und so lange vorsichtig verrühren, bis der Zucker vollständig aufgelöst ist.

Alles in den Gefrierschrank und abkühlen lassen. Dann in die Eismaschine.

Gleichzeitig die Himbeeren in einem Topf mit etwas Zucker aufkochen und anschließend durch ein Sieb streichen aufkochen und mit Speisestärke andicken. Auf die bereit gestellten Teller jeweils einen Spiegel geben und die Teller zum Abkühlen beiseite stellen.

Zum Servieren das Eis auf den Himbeerspiegel anrichten und mit den Feigen garnieren.

So zwischendurch haben wir eine festliche gedeckte Tafel hergerichtet.
Wir haben vorher versucht unsere Arbeitsplätze einigermaßen aufzuräumen und die Gläser für den Empfangsprosecco bereit zu stellen.

Unsere Damen erschienen pünktlich.
Nach dem Begrüßungssekt wurde es für uns Köche doch wieder ein wenig hektischer.

Die Rösti für das Lachstatar wurden nicht so schnell braun wie gewünscht. Aber irgendwie haben wir es geschafft, die Vorspeise für alle zeitgleich zu servieren. Auch die Getränkefrage wurde vorher geklärt, so dass wir alle gemeinsam mit dem Essen beginnen konnten.
Da zwischen den Vorspeisen das Fleisch angebraten werden musste, störte der Rauch doch sehr. Wir hatten alle Fenster auf Durchzug. Unsere Damen waren sehr verständnisvoll und wollten nicht gleich den Raum verlassen.

Mit dem Servieren der Rinderbouillon ging es einfacher. Die Petersilie und der Eicherstich waren schon in den Tassen, so dass ich die Bouillon mit einem großen Messbecher leicht verteilen konnte. Die Kollegen servierten zügig.
Das leicht angebackene Baguette wurde dazu gereicht. Alles super.

Ein Teil von uns war mit dem Abwaschen beschäftigt, die Anderen mit den Vorbereitungen für den Hauptgang.
Reiner machte sich mit einem großen Messer an das Zerlegen des Lammkarrees. Dann gab es noch die Kartoffelstation, die Bohnen-und Pilzstation sowie die Soßenstation.
Mit den vorgewärmten Tellern brauchten wir nur bei den einzelnen Stationen vorbeigehen, um alles schnell und warm zu servieren. Hat gut geklappt. Da wir reichlich Fleisch hatten, konnten wir auch noch nachlegen. Das Fleisch war nach allgemeiner Aussage köstlich.
Wieder Abräumen und Abwaschen!

Die Teller mit dem Himbeerspiegel waren ja schon fertig, jetzt nur noch das Eis darauf und servieren. Wo die Schokosticks auf einmal herkamen, kann ich nicht sagen, passten aber gut dazu.
Es ist eine wirklich leckere Nachspeise aber auch ein wenig aufwendig.

Obwohl wir es nicht wollten, konnten wir unsere Gäste nicht davon abhalten uns beim Abwaschen und Aufzuräumen zu helfen. Wir bedankten uns dafür.
Der Abend war für uns Köche ein voller Erfolg und wir waren etwas stolz auf uns. Ich glaube auch unseren Damen hat es gefallen.
Wir haben diesen Kochabend entspannter verbracht als das Weihnachtsessen im Jahr davor.

Mir haben die Männerkochabende immer viel Spaß gemacht.
Ich glaube wir werden das weiterführen.

Rezepte.

Rezept	Seite
Aachener Printenauflauf mit Apfel-Zimt-Schaum	85
Apfel- Karottensuppe	29
Apfeltorte mit Sahne	37
Asiatische Kürbissuppe	16
Blätterteigpasteten auf Geflügelragout	61
Bourbon-Vanille-Eis auf Himbeerspiegel.	91
Broccoliflan	34
Bruschetta klassisch	57
Crêpes mit Calvados-Äpfeln	32
El Dorado: Dorade auf Feldsalat mit Balsamico-Dressing	56
Ente	53
Entenbrust mit Kürbisflan	83
Feine Sauerkrautsuppe	82
Fenchelsuppe mit Avocados	39
Forelle in Folie	69
Gebratenes Lachsfilet auf Gemüse	38
Gegrillte Feigen mit Ziegenkäse	67
Gelbe Paprikasuppe mit Sahne-Meerrettich-Haube	11
Gourmet-Omelette mit Schinken	71
Gourmet Salat	78
Gurkensuppe mit Kresse	21
Himbeer – Soufflé	74
Himbeer – Soufflé 2. Versuch	81
Hühnerbrust (Hähnchenbrust) auf Wirsing	80
Kalbsleber auf Karamell Calvados Apfelscheiben	15
Käse-Kräuter – Soufflés	76
Kichererbsensuppe	68
Kohlroulade mit Gemüse der Saison	45
Kürbissuppe vom Hokkaido	28
Lachstatar auf Kartoffelplätzchen	10
Lachstatar auf Rösti	88
Lammkarree	90
Leichte Hühnersuppe	79
Linsensuppe	57
Marinierte Beeren mit Zimt-Zabaione	77
Matjestatar auf Rote-Bete-Spiegel	43
Parmesantorteletts	33
Pikante Hackfleischsosse auf Reis mit Hackbällchen	30
Pikante Snacks auf Blätterteig 1. Version	72
Pikante Snacks auf Blätterteig 2. Version	73
Pochierte Eier auf Salatbett	27
Pochiertes Fischfilet mit Spinat auf Mandel-Blumenkohl-Püree	17
Pochiertes Schweinefilet auf Gemüse der Saison	36

Rezepte

	Seite
Riesling-Basilikum-Suppe	44
Rinderkraftbrühe oder Rinderbouillon mit Eistich	89
Rinderroulade mit selbstgemachtem Rotkohl	12
Rösti von rohen Kartoffeln mit Lauchgemüse und Ziegenkäse überbacken.	75
Rote-Bete-Suppe	35
Saltimbocca a la Romana	23
Sandkuchen	66
Sauerfleisch in Aspik	8
Sauerkraut nach Elsässer Art	58
Schwarzwurzel-Cremesuppe	63
Schwarzwurzel-Curry	64
Schoko-Muffins	60
Sellerie-Suppe auf Kokos-Milch-Basis	52
Süßer Frischkäseauflauf	24
Tomaten-Paprika-Bruschetta	62
Tortellini mit Quark-Kräuter-Füllung	20
Walnusssouflé	42
Warme Schokoladenküchlein	59
Whiskycreme	65
Wiener Schnitzel	41
Zimteis	46